Museo Nacional de Ciencias Naturales

ANIMALES ASOMBROSOS

UN RECORRIDO FASCINANTE POR LA BIODIVERSIDAD

CON ILUSTRACIONES DE

DIEGO RODRÍGUEZ-ROBREDO

Papel certificado por el Forest Stewardship Council®

MIXTO
Papel | Apoyando la silvicultura responsable
FSC® C117695

Penguin Random House Grupo Editorial

Primera edición: noviembre de 2024

Printed in Spain – Impreso en España

ISBN: 978-84-10269-10-1
Depósito legal: B-16.079-2024

Compuesto por Rebeca Podio

Impreso en Talleres Gráficos Soler, S. A.
Esplugues de Llobregat (Barcelona)

BL69101

Animales asombrosos nace con la idea de acercar a los pequeños científicos al fascinante mundo de las ciencias naturales y, en concreto, de la diversidad animal.

La diversidad actual de los animales refleja, en gran medida, la historia de la vida en nuestro planeta. A través de los tiempos, se han originado numerosas nuevas especies y otras se han extinguido de forma sucesiva.

Gracias a la evolución entendemos en qué consiste la adaptación al medio y todo lo que vemos en la naturaleza cobra sentido: **¿cómo sobreviven los animales en los climas más extremos?, ¿por qué sus colores son importantes?, ¿cómo interaccionan?**

Además, cuando miramos con atención al mundo natural, no solo aprendemos sobre animales y plantas, sino que comprendemos nuestro papel como especie que comparte el planeta con todos ellos.

En este libro conocerás las grandes desapariciones de seres vivos debidas a causas naturales, así como la gran extinción que vivimos en la actualidad producida por la acción del ser humano en la Tierra.

Descubrir la enorme riqueza que hay a nuestro alrededor nos enseña que no estamos solos en el planeta y que tenemos un papel activo en él. Cada acción, por pequeña que sea, cuenta.

Desde el Museo Nacional de Ciencias Naturales, nuestra misión es investigar los procesos naturales y generar y conservar grandes colecciones que nos ayudan a entender cómo funcionan los ecosistemas. Asimismo, tenemos una gran responsabilidad con el futuro, pues queremos acompañar a las nuevas generaciones en la concienciación y la preservación de la diversidad animal.

LA RIQUEZA DE LA DIVERSIDAD ANIMAL ES LA RIQUEZA DE TODOS.

Acompáñanos a descubrirla en este museo literario, y en el museo de verdad.
Estaremos encantados de recibirte.

Rafael Zardoya San Sebastián

Director del Museo Nacional de Ciencias Naturales

ÍNDICE

BREVE HISTORIA
DE LA VIDA
BIENVENIDOS
AL MUSEO
USTED ESTÁ AQUÍ

BIOMAS
BIODIVERSIDAD ANIMAL
PRESERVAR LA BIODIVERSIDAD
GLOSARIO
¡RECOGE TU DIPLOMA!

BIENVENIDOS AL MUSEO

¡Te damos la bienvenida al Museo Nacional de Ciencias Naturales!

No sé si lo sabes, pero estás a punto de embarcarte en un emocionante recorrido por la maravillosa biodiversidad del planeta.

¿Alguna vez habías soñado con estar en un lugar donde encontrarte cara a cara con criaturas de todos los tamaños, formas y colores?

En este recorrido por el museo, aprenderás todo tipo de curiosidades y datos sorprendentes sobre muchas especies animales y vegetales, y entenderás cómo cada una de ellas desempeña un papel fundamental en el maravilloso mosaico de la vida en nuestro planeta.

A lo largo de esta aventura, descubrirás que la Tierra rebosa vida en todas sus formas y explorarás ecosistemas que quizá nunca habías llegado a imaginar. Así que prepárate para una experiencia inolvidable.

¡El MNCN te espera con los brazos abiertos!

GABINETE DE CURIOSIDADES

¿Has oído hablar de los «gabinetes de curiosidades» o «cuartos de maravillas»? Para conocer lo que eran, debemos remontarnos a su origen: el Renacimiento.

Entre los siglos XVI y XVIII, en Europa reinaba el ansia de conocimiento y de hacer nuevos descubrimientos. Mercaderes, nobles y reyes competían por conseguir los animales y objetos más extraños y exóticos que pudieran hallar en sus viajes e intercambios comerciales.

Aunque en ocasiones contenían piezas algo inusuales, a las que incluso se les atribuían propiedades mágicas, estos gabinetes son en realidad el origen de los museos modernos. Un ejemplo de ello es el Museo Nacional de Ciencias Naturales (MNCN), que originalmente se conocía como el Real Gabinete de Historia Natural.

LOS TESOROS DEL REAL GABINETE

ELEFANTE ASIÁTICO

Los viajes a nuevos continentes como América y Asia llenaron los gabinetes de curiosidades de animales tan fascinantes como el **elefante asiático**. En el museo podéis ver un ejemplar naturalizado que perteneció al rey Carlos III y que fue tan famoso que hasta inspiró obras literarias.

GLORIA DEL MAR

El **cono «gloria del mar»** (*Conus gloriamaris*) fue uno de los caracoles marinos más codiciados de la historia e inspiró multitud de leyendas, convirtiéndose en un símbolo de prestigio. ¡Ay, si aquellos coleccionistas supieran que conservamos varios ejemplares en el museo!

PIEDRA BEZOAR

Para la nobleza europea, las **piedras bezoares** eran talismanes que les traerían buena fortuna y protección en caso de envenenamiento.
Para ellos, eran joyas de gran poder, mientras que para los amerindios eran amuletos para la caza. Aunque codiciados, estos objetos, en realidad, son restos del alimento no digerido que se acumula en el estómago de mamíferos, reptiles y peces.

¿SABÍAS QUÉ?

En *Harry Potter y la piedra filosofal*, de J. K. Rowling, Harry y sus amigos aprenden en clase de pociones que el bezoar es un ingrediente básico en los antídotos para contrarrestar los efectos de un veneno.

PIEDRA BEZOAR

UN MUSEO CON HISTORIA

Pedro Franco Dávila

Todo comenzó el 17 de octubre de 1771, cuando Carlos III fundó el Real Gabinete de Historia Natural con las colecciones del comerciante Pedro Franco Dávila. Sí, sí, has leído bien, ¡nuestro museo tiene más de **250 años de antigüedad**! En esta época llegaron algunas de las piezas más emblemáticas, como el megaterio, la osa hormiguera o las ilustraciones de Johannes Le Francq van Berkhey.

El rey Carlos III tuvo muchos animales, entre ellos una osa hormiguera a la que mandó **naturalizar** * para que fuera exhibida en el Real Gabinete. Hoy, podemos conocer su apariencia gracias a esta pintura, que encontrarás expuesta en el museo.

*¡BUSCA MI SIGNIFICADO AL FINAL DEL LIBRO!

Ilustración de una boa por Johannes Le Francq van Berkhey

Uno de los viajes más importantes en los que se embarcaron los científicos del MNCN fue la expedición de la **Comisión Científica del Pacífico** (1862-1865), de la que proceden algunos de nuestros ejemplares. ¡Fue la primera en llevar un fotógrafo a bordo!

CURIOSIDADES DE LA HISTORIA DEL MNCN

Al principio, el museo no solo tenía otro nombre, sino que además se encontraba en otro palacio de Madrid, el de Goyeneche, en la calle de Alcalá. ¿Sabías que el edificio del actual Museo del Prado se construyó inicialmente para albergar las colecciones del MNCN?

LOS HERMANOS BENEDITO

Los **hermanos Benedito** fueron los taxidermistas más importantes del MNCN, y ellos hicieron piezas tan emblemáticas como el elefante africano o el **diorama** de los abejarucos.

El mismo año (1913) en el que llegó **Dippy**, el diplodocus más famoso de España, el gabinete pasó a llamarse **Museo Nacional de Ciencias Naturales**.

El MNCN ha recibido a personas tan importantes como **Albert Einstein**, quien se hizo una fotografía frente a la fachada.

¡INCLUSO HA SIDO UTILIZADO FRECUENTEMENTE COMO ESCENARIO DE NUMEROSAS SERIES Y PELÍCULAS!

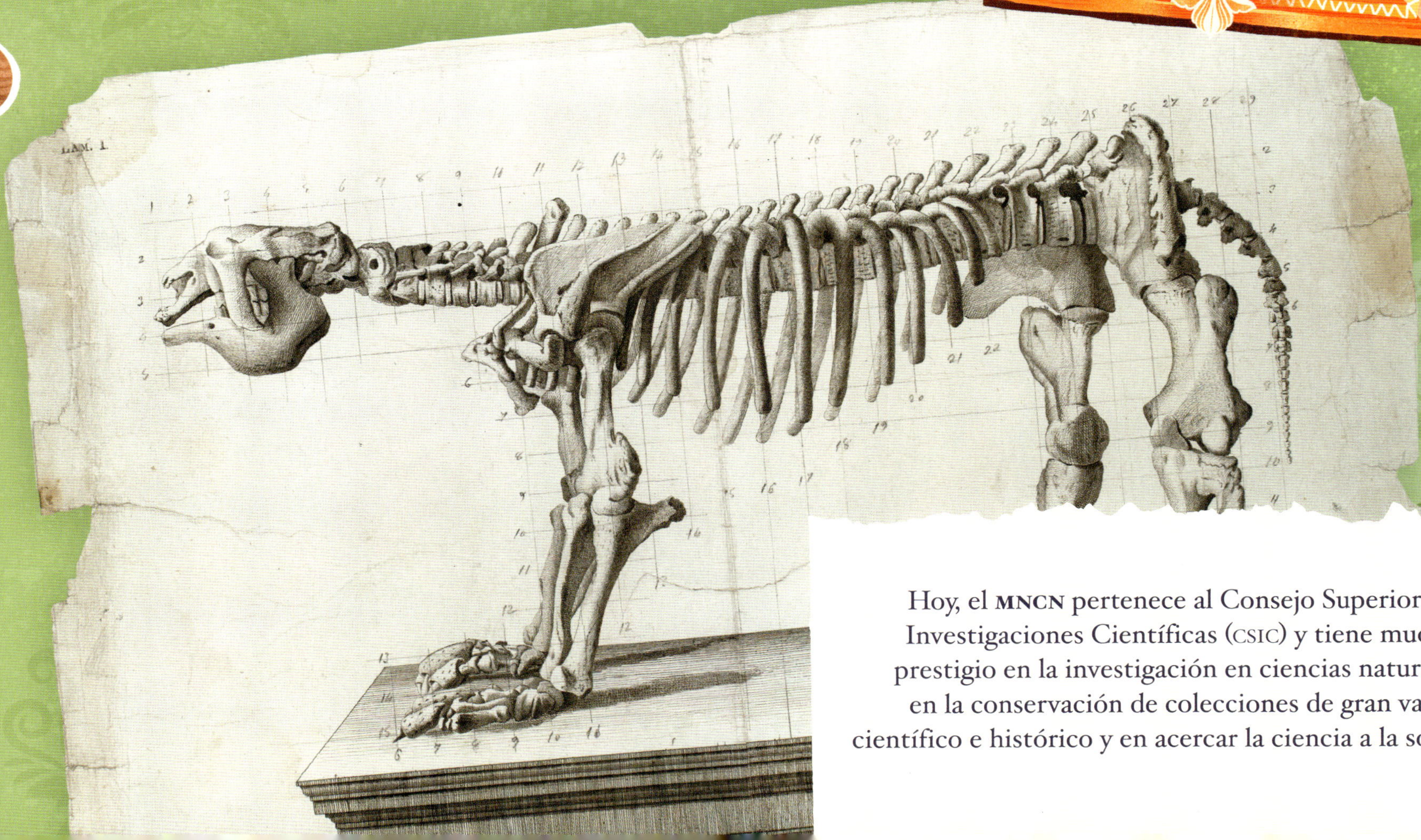

Hoy, el **MNCN** pertenece al Consejo Superior de Investigaciones Científicas (CSIC) y tiene mucho prestigio en la investigación en ciencias naturales, en la conservación de colecciones de gran valor científico e histórico y en acercar la ciencia a la sociedad.

DESCUBRIENDO EL MNCN

EN LA ACTUALIDAD, EL MUSEO ESTÁ MUY VIVO. ¡FÍJATE EN LA CANTIDAD DE PERSONAS QUE TRABAJAN EN ÉL!

Los jardineros cuidan del *Jardín Educativo del Bosque Mediterráneo.* Un paraíso para los sentidos en el que descubrir la diversidad vegetal de la Comunidad de Madrid.

Científicos y conservadores se dedican a investigar y preservar los más de once millones de ejemplares que contiene el MNCN.

En total, el museo cuenta con veintidós colecciones, incluyendo una biblioteca y un archivo para realizar investigaciones y consultas. Si nos visitas, podrás ver a expertos restaurando piezas en las salas.

El personal de taquilla, sala, seguridad y limpieza es el más visible, y ellos permiten que todo funcione con normalidad.

Los del «polo rojo» forman parte del equipo educativo y suelen estar por las salas impartiendo talleres o haciendo visitas guiadas.

Más de ochenta investigadores e investigadoras estudian la diversidad natural, tanto la biológica como la geológica.

Hay laboratorios de restauración, de genética, de preparación de muestras, un animalario, una estación biológica, una finca experimental...
En definitiva, **¡en el MNCN se investiga mucho!**

ue se esconde detrás de los accesos ingidos son los despachos de las per- s que no sueles ver en un museo pero on imprescindibles, como el personal nistrativo, informáticos y técnicos omunicación, actividades y siciones.

BREVE HISTORIA DE LA VIDA

¿Has soñado alguna vez con viajar al pasado? ¿Te imaginas cómo sería un mundo con dinosaurios, multitud de animales marinos o mamíferos de tamaños gigantescos?

Gracias a la ciencia podemos saber cómo era nuestro planeta y los seres vivos que lo habitan desde el principio de los tiempos. En las siguientes páginas, descubrirás que cada era geológica es un capítulo apasionante en la historia de la Tierra, con millones de especies diferentes que, debido a la evolución, han dado lugar a la asombrosa naturaleza que conocemos en la actualidad.

¿QUÉ ES LA EVOLUCIÓN?

Los seres vivos que existen hoy en día son el resultado de muchos años de adaptación al medio en el que viven. Estas adaptaciones, si producen cambios en sus **genes**, dan lugar a nuevas formas que se transmiten de generación en generación, favoreciendo la aparición de nuevas especies. Este es el proceso que conocemos como evolución.

VIAJAR AL PASADO

¿Podemos saber cómo eran los seres vivos hace muchísimos años? Pues sí, gracias a los fósiles: los restos o huellas de especies extintas que quedaron conservados en rocas y otros materiales a lo largo de millones de años.

Los fósiles se forman cuando estos restos o señales quedan enterrados bajo los sedimentos, que, con el tiempo, acaban transformándose en rocas. ¡Ojo!, para que un ser vivo fosilice, han de darse unas condiciones ambientales concretas y tiene que pasar al menos 10.000 años enterrado.

CHARLES DARWIN (1809-1882)
Uno de los naturalistas más importantes en el estudio de la evolución fue **Charles Darwin**, cuya teoría de la **selección natural** fue clave para entender este proceso. En el museo tenemos una pequeña sala dedicada al científico británico.

FÓSIL DE HUELLAS DE DINOSAURIO

Los **paleontólogos y paleontólogas** estudian cómo era la Tierra en el pasado a través de restos fósiles de la naturaleza, y trabajan en los yacimientos en su búsqueda. Por su parte, las personas que se dedican a la arqueología estudian los restos procedentes de la actividad humana, permitiendo saber cómo eran y cómo vivían nuestros antepasados.

MARY ANNING (1799-1847)
Se convirtió en la primera paleontóloga de la historia. Descubrió el primer esqueleto de ictiosaurio, un gigantesco reptil marino.

¿SABÍAS QUÉ?

¡Los coprolitos son las cacas fosilizadas de los animales del pasado!
Aunque parezca increíble, gracias a su estudio, podemos conocer qué comían los dinosaurios hace millones de años.

LA VIDA SE ABRE CAMINO

EL PRECÁMBRICO

4.600 Ma - 542 Ma

El Precámbrico es la era geológica que abarca el 90 por ciento de la historia de la Tierra y es de gran importancia, ya que es en este momento cuando surgen las primeras formas de vida en el planeta.

Y, aunque aún se sigue estudiando mucho sobre la aparición de la vida, los primeros registros de ella se encontraron en Groenlandia, en rocas que pudieron haberse formado por la acción de seres vivos, y que tendrían una antigüedad de alrededor de 3.800 millones de años (Ma).

¿SABES CUÁLES SON LOS RESTOS DE ORGANISMOS VIVOS MÁS ANTIGUOS DEL PLANETA?

¡LOS ESTROMATOLITOS!

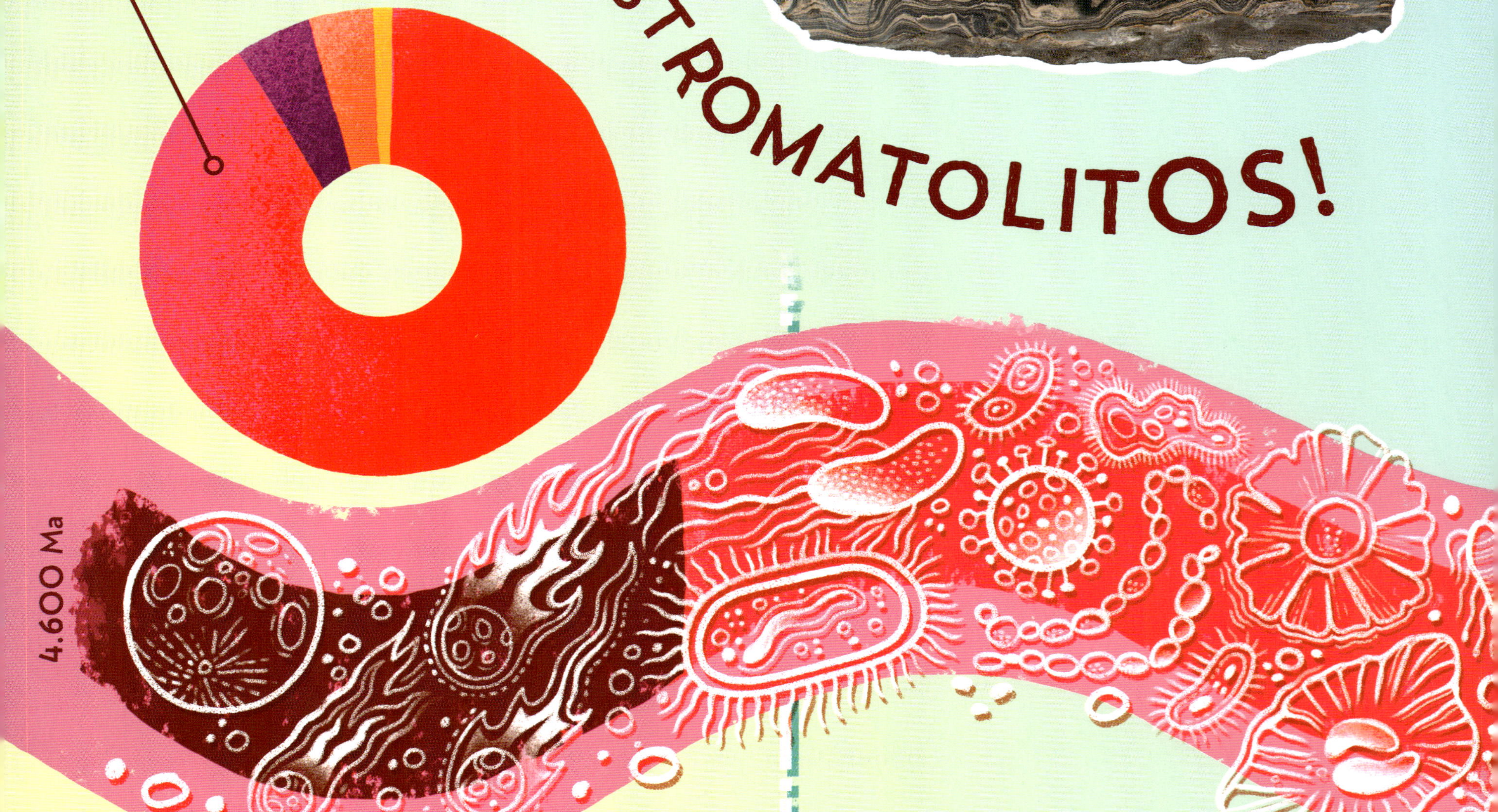

Las responsables de la existencia de estas estructuras son las **cianobacterias**, que se hallan en mares cálidos y en aguas poco profundas. Estos microorganismos viven en colonias formando capas y, para obtener alimento, realizan la **fotosíntesis**, como las plantas.

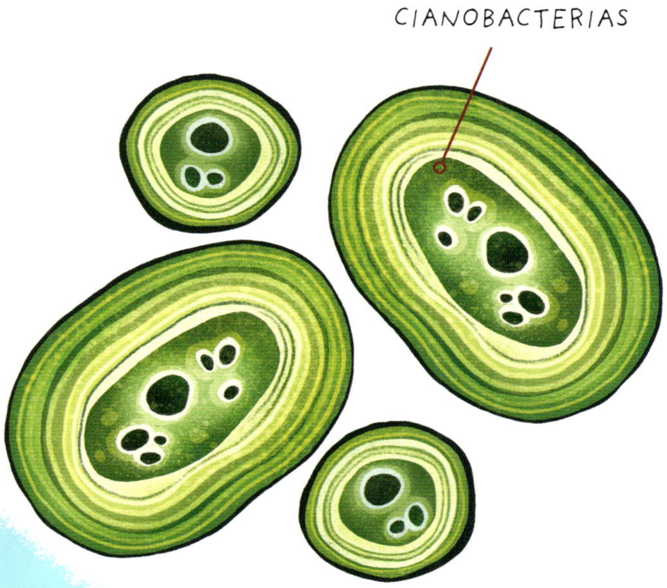

En este proceso liberan al agua moléculas que, al juntarse con otras, forman carbonato cálcico, una sustancia que podemos encontrar, por ejemplo, en las conchas de los animales. Cuando las cianobacterias de una capa mueren, aparece otra nueva encima, y así sucesivamente.

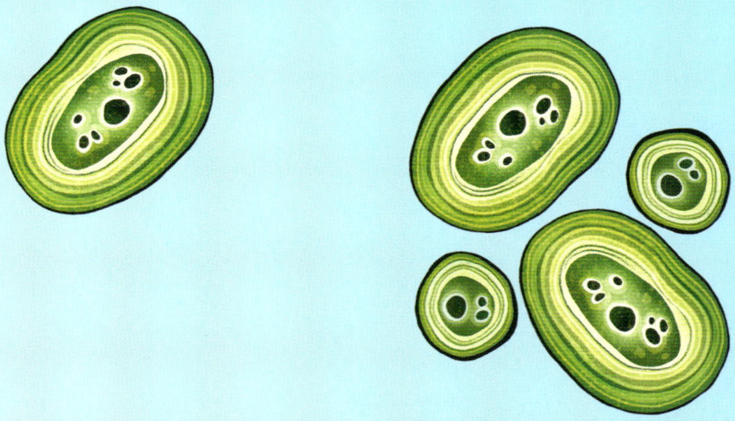

Podría decirse que los estromatolitos son como una tarta, en la que cada capa está formada por los restos fosilizados del metabolismo de las cianobacterias. Por eso, el nombre de este misterioso fósil significa «roca con capas».

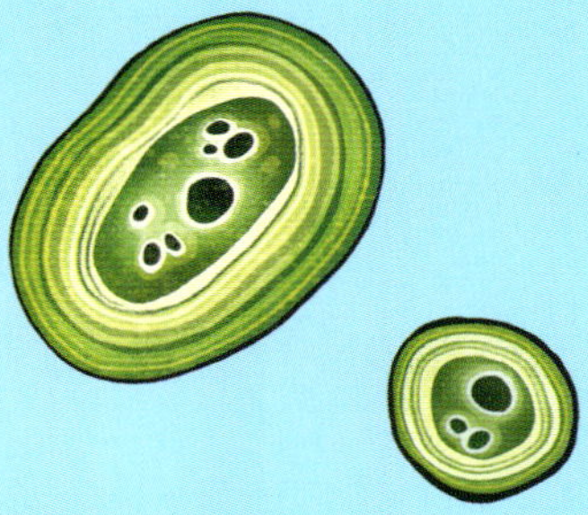

BAHÍA SHARK

¿Te gustaría conocer un paisaje de esta época? Sería algo parecido a lo que se puede ver en la **bahía Shark**, en Australia. Fue declarada Patrimonio de la Humanidad por la Unesco y posee una gran cantidad de estromatolitos.

Durante casi 3.000 millones de años, la atmósfera se fue llenando del oxígeno liberado por los organismos que realizan la fotosíntesis, como las cianobacterias, lo que permitió la aparición de formas de vida más complejas.

PROTEROZOICO

UNA EXPLOSIÓN DE VIDA

EL PALEOZOICO

542 Ma - 251 Ma

El Paleozoico, que significa «vida antigua», supuso una explosión de la vida al triplicarse el número de especies animales. Vamos a indagar qué ocurrió dividiéndola en tres etapas.

PALEOZOICO INFERIOR

En el Paleozoico inferior aparecieron grupos animales que existen hoy en día, como las esponjas, los moluscos y los **artrópodos**, entre los que destacan algunas especies extintas como los trilobites, los primeros en tener un **exoesqueleto** de calcita.

PALEOZOICO MEDIO

Durante el Paleozoico medio aparecieron los arrecifes de coral, que, junto a los **braquiópodos**, dominaban los mares. También comenzaron a desarrollarse en tierra firme y en ambientes húmedos las primeras plantas, sin hojas ni raíces.

PALEOZOICO SUPERIOR

El Paleozoico superior estuvo marcado por el desarrollo vegetal. Grandes plantas cubrían bosques en los que habitaban caracoles de tierra, arañas y los primeros insectos con alas, como las libélulas y efímeras. ¡Alcanzaban hasta los 75 centímetros de envergadura!

FÓSIL DE TRILOBITES

¿ESCORPIONES MARINOS?

La parte posterior de los euriptéridos, artrópodos de aspecto peculiar, se asemeja a la de un escorpión, pero no estaban relacionados entre sí ni tenían la glándula venenosa tan característica de los escorpiones.

¿A QUÉ TE RECUERDA LA FORMA DE LOS AMMONITES?

Si eres fan de Pokémon, seguro que encuentras algún parecido. Estos invertebrados marinos son moluscos **cefalópodos** que estaban emparentados con los actuales calamares, pulpos, sepias y *Nautilus*.

¿Y LOS ANFIBIOS?

Aparecen en esta etapa, y nos permiten comprender cómo los vertebrados empezaron a adaptarse a vivir en la tierra, dejando atrás la vida acuática. El más conocido es el ***Eryops***, un anfibio carnívoro que alcanzaba los dos metros de longitud.

LOS PECES FUERON LOS PRIMEROS VERTEBRADOS QUE APARECIERON EN NUESTRO PLANETA.

Conocidos como **ostracodermos**, no tenían mandíbula y estaban cubiertos por un esqueleto parecido a una armadura de hueso.

Los **celacantos** son peces con aletas lobuladas y pulmones. Son considerados fósiles vivientes, ya que se pensaba que se habían extinguido hace más de 65 millones de años, hasta que se descubrió un ejemplar vivo en aguas sudafricanas en 1938.

DEVÓNICO | CARBONÍFERO | PÉRMICO

LA ERA DE LOS DINOSAURIOS

EL MESOZOICO

251 Ma - 66 Ma

Durante el Mesozoico, los vertebrados, especialmente los reptiles, experimentaron un gran desarrollo. En esta etapa aparecieron los mamíferos, las aves y las plantas con flores.

Gracias al desarrollo del huevo con cáscara, algunos anfibios dejaron de depender del medio acuático para poner sus huevos y evolucionaron a reptiles adaptados a la vida terrestre.

¡NO SOMOS DINOSAURIOS!

Los ictiosaurios y los plesiosaurios fueron reptiles acuáticos. Los ictiosaurios tenían un aspecto similar al delfín o al tiburón. Su rostro era alargado, poseían ojos grandes y mandíbulas repletas de dientes puntiagudos. Los plesiosaurios eran los grandes depredadores de los ambientes marinos, dotados de poderosas aletas y largos cuellos con los que atrapar a sus presas.

¿SABÍAS QUÉ?

Al monstruo del lago Ness, Nessie, tradicionalmente se lo representa con la forma de un plesiosaurio. ¿Eres capaz de encontrarlo en la ilustración de más abajo?

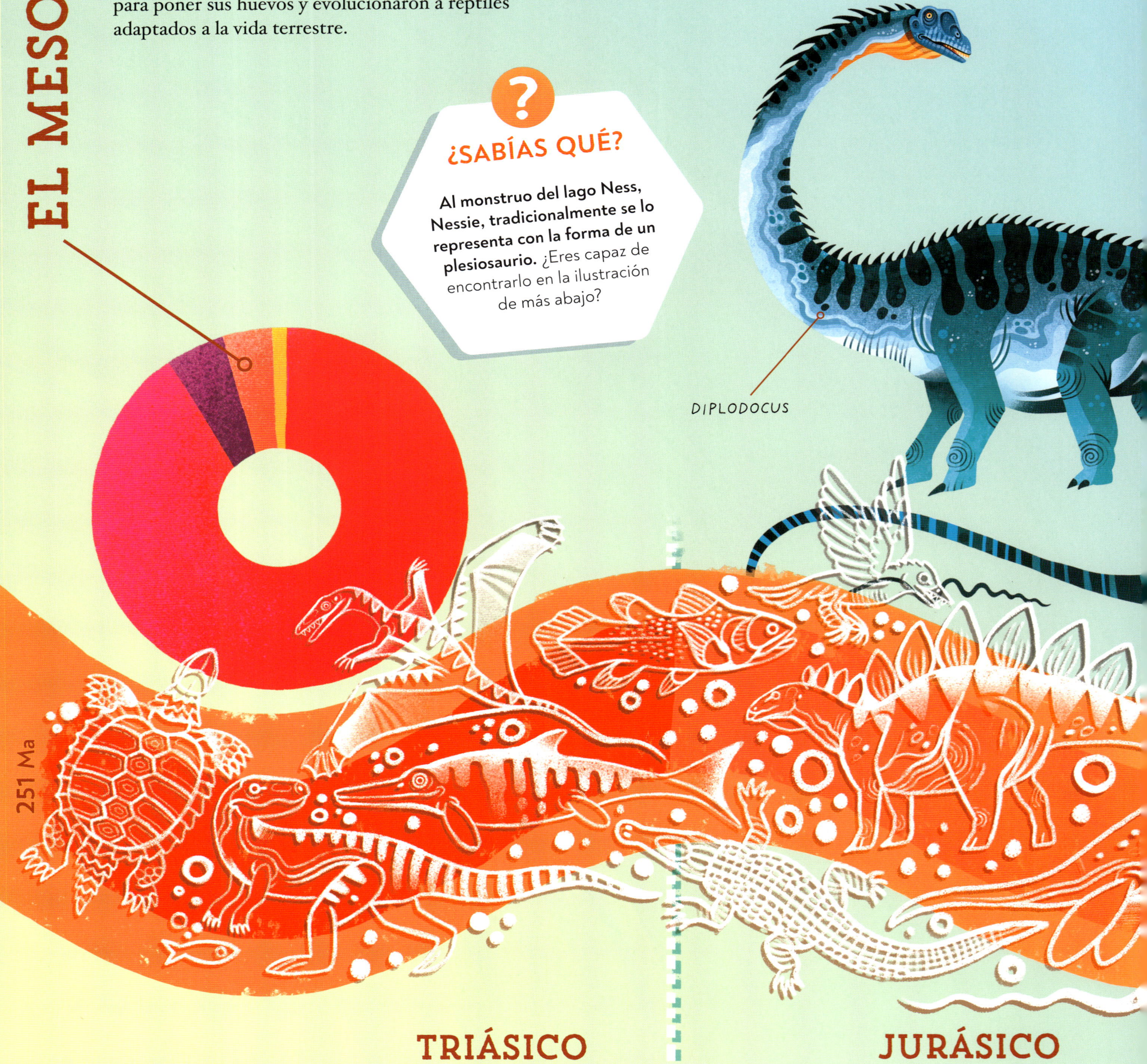

¿SABÍAS QUE EL ICTIOSAURIO QUE PUEDES VER EN EL MUSEO ERA UNA HEMBRA Y ESTABA EMBARAZADA? ¡BUSCA A LA CRÍA EN SU ESQUELETO!

IBEROMESORNIS

«LAGARTO TERRIBLE»

La palabra *dinosaurio* viene de los términos griegos *deinos* («terrible») y *sauros* («lagarto»). Este grupo de vertebrados dominaron los ecosistemas terrestres durante unos 160 millones de años. *Stegosaurus*, *Carnotaurus*, *Triceratops*, *Tyrannosaurus*... ¡Son las grandes estrellas del MNCN! Acaparan selfis y dejan boquiabiertos a grandes y pequeños.

Los **diplodocus** fueron **saurópodos** de cuello largo. Su cabeza era pequeña y con sus dientes arrancaban las hojas de las ramas de los árboles.

En 1913 llegó **Dippy**, una de las réplicas de *Diplodocus carnegii* que Andrew Carnegie regaló a los museos de historia natural más importantes del mundo. La inauguración de su montaje tuvo una gran repercusión social y acercó la paleontología a la población española de la época.

EL ORIGEN DE LAS AVES

¿Sabes cómo eran las primeras aves? Ya tenían evidencias de plumaje y cambios en la morfología de las manos, pues presentaban solo tres dedos.

El ***Archaeopteryx*** es el ejemplo más claro para estudiar la transición entre dinosaurios y aves. ¡Solo medía 35 centímetros! Sus plumas estaban bien desarrolladas, su cola era larga y ósea, y contaba con garras y dientes.

Por su parte, el ***Iberomesornis*** tenía una clavícula muy desarrollada para sostener los músculos durante el vuelo y los huesos de sus extremidades superiores eran muy parecidos a los de las aves actuales.

66 Ma

CRETÁCICO

EL NACIMIENTO DE UNA NUEVA ERA

EL CENOZOICO

66 Ma – ACTUALIDAD

La desaparición de los dinosaurios dejó un **nicho** vacío que fue colonizado por los mamíferos, por eso al Cenozoico se lo conoce como la «era de los mamíferos».

También fue en este periodo cuando los continentes se desplazaron hasta su posición actual.

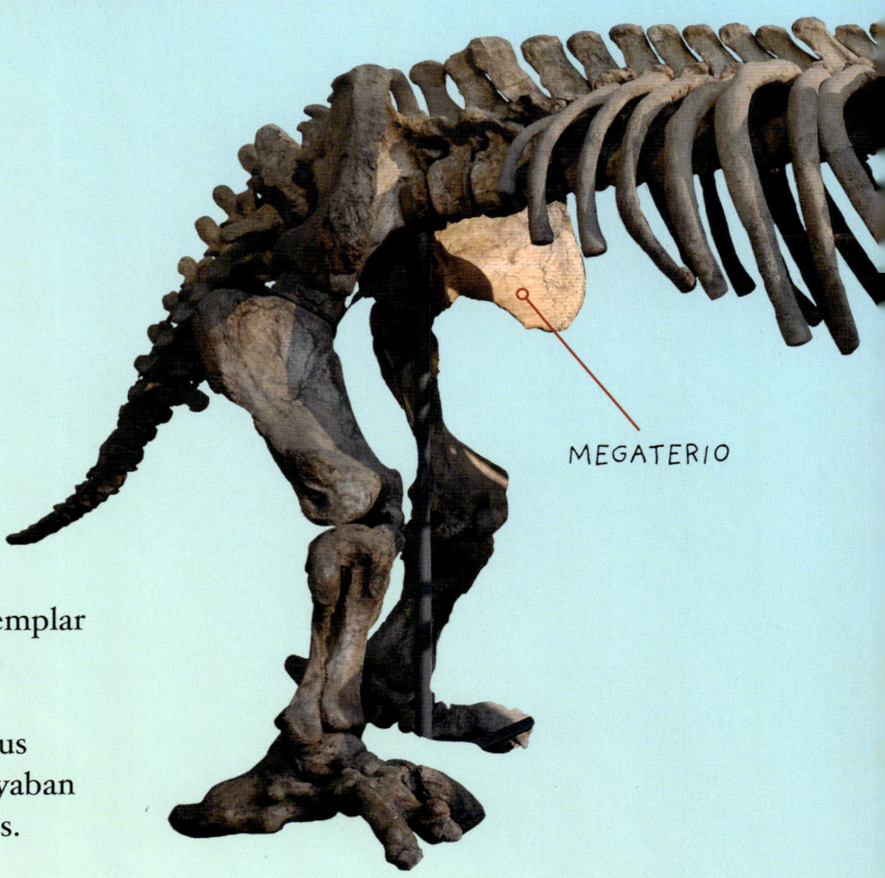

En las salas del MNCN, junto a los dinosaurios, encontrarás un enorme esqueleto. ¿Será un oso? ¿Otro elefante? Pues no, se trata del **megaterio**, un perezoso gigante que vivió en América del Sur. Este ejemplar es muy importante: llegó al Real Gabinete en 1788 y sirvió al naturalista George Cuvier para describir y nombrar a la especie. Aunque el ejemplar del museo se sostiene sobre sus cuatro patas, hoy en día se cree que estos animales se apoyaban solo sobre las traseras para alcanzar las hojas de los árboles.

¿CONOCES EL CERRO DE LOS BATALLONES?

Se trata de un conjunto de yacimientos paleontológicos en los que se han encontrado muchos restos fósiles de este periodo, sobre todo de vertebrados como dientes de sable, osos, roedores, mastodontes, antepasados de los caballos y tortugas gigantes. ¡Es una auténtica pasada!

¿TE IMAGINAS UN ELEFANTE EN PLENO BOSQUE?

Pues durante el Pleistoceno, una de las etapas en las que se divide el Cenozoico, en Europa era muy común encontrar al ***Palaeoloxodon antiquus***, que medía aproximadamente 4,5 metros y sus defensas, 2,5 metros. En el museo conservamos restos de un ejemplar hallado en Madrid.

ESTRELLAS DEL CENOZOICO

Los **félidos dientes de sable** son, probablemente, los carnívoros fósiles más conocidos. Aunque podría parecer que están emparentados con los tigres, en realidad son parientes lejanos que comparten un antepasado común.

NUESTRO LARGO VIAJE

Al igual que el resto de las especies, los seres humanos hemos recorrido un fascinante viaje evolutivo hasta llegar a ser lo que somos hoy en día. Pero... ¿cómo empezó todo?

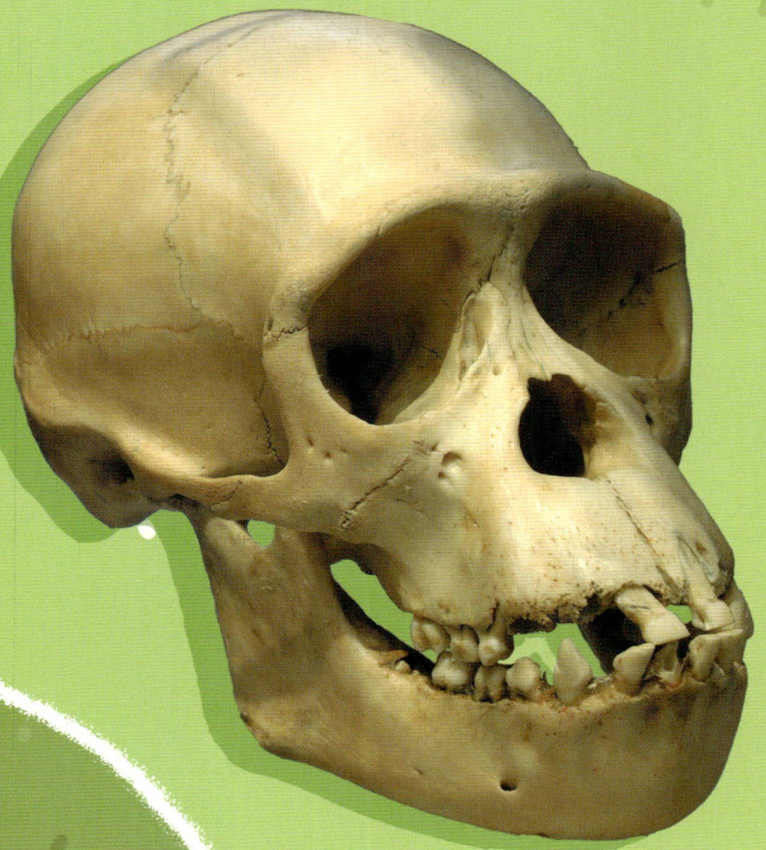

ÉRASE UNA VEZ...

Con el gran desarrollo de los mamíferos en la era cenozoica, algunos comenzaron una adaptación a la vida en los árboles, dando lugar a la gran familia de los primates, con brazos y dedos largos para moverse por las ramas y un cuerpo cubierto de pelo.

Durante miles de años fueron evolucionando y, por eso, hoy en día existen primates de todo tipo, desde grandes gorilas hasta diminutos monos tití.

Pero hace unos 7 millones de años, en África, ocurrió algo sorprendente: uno de estos primates empezó a bajar de los árboles y caminar de manera bípeda, ¡como nosotros!

Es en este momento cuando una de las ramas del gran árbol de la evolución se dividió en dos: los chimpancés y los homininos (primates bípedos). Esto significa que los humanos compartimos un antepasado común con los chimpancés y, por ello, nos parecemos tanto.

Los ***Australopithecus*** comenzaron a caminar erguidos, aunque siguen pareciéndose más a un chimpancé que a nosotros. Y, entre ellos, Lucy es una de las más famosas. Pertenece a la especie *Australopithecus afarensis*, que vivió en África hace unos 3,5 millones de años.

Con el paso del tiempo, los australopitecos empezaron a desarrollar cerebros más grandes y dientes más pequeños. Este sería el origen del género *Homo*, al que pertenece nuestra especie.

La evolución llevó a nuestros antepasados a hacerse más inteligentes, desarrollar un cuerpo más esbelto y una cara más pequeña, comparada con nuestros primos simios. *Homo ergaster* fue una de las primeras especies en salir del continente africano y explorar nuevos territorios, además de dominar el fuego.

Entre nuestros antepasados más cercanos, están los neandertales (*Homo neanderthalensis*), que se extinguieron hace menos de 50.000 años. Y, aunque muchas de estas especies de *Homo* compartieron territorio, en la actualidad somos la única especie humana que habita el planeta.

LOS DÍAS EN QUE LA TIERRA CAMBIÓ

A lo largo de la historia del planeta han ocurrido cinco grandes extinciones masivas. Las causas no están del todo claras, pero distintas **hipótesis** explicarían estas crisis de biodiversidad.

FÓSILES DE BRAQUIÓPODOS

LA PRIMERA GRAN EXTINCIÓN

440 Ma ORDOVÍCICO (PALEOZOICO)

En ella desaparecieron muchas especies marinas de trilobites, **braquiópodos**, equinodermos como las estrellas o los erizos de mar, **graptolitos** y corales.

FÓSIL DE ERIZO

FÓSIL DE CORAL

EL OCASO DE LOS PECES

365 Ma FINALES DEL DEVÓNICO (PALEOZOICO)

En esta segunda extinción, desaparecieron dos grupos de peces muy importantes en la historia de la Tierra: los ostracodermos y los placodermos, que tienen el honor de ser los primeros vertebrados con mandíbula.

FÓSIL DE PEZ

Las dos primeras grandes extinciones, aunque ocurrieron en épocas diferentes, provocaron una gran pérdida de biodiversidad marina, lo cual es lógico porque el mar estaba repleto de vida. Las posibles causas incluyen el enfriamiento de los mares y cambios en el hábitat.

UNA PÉRDIDA MASIVA DE ESPECIES

250 Ma FINALES DEL PÉRMICO (PALEOZOICO)

La tercera gran extinción fue devastadora. Desaparecieron el 70 por ciento de los vertebrados terrestres y más del 90 por ciento de las especies marinas. Existen muchas teorías sobre las causas, pero las más aceptadas son el impacto de un asteroide, las erupciones volcánicas masivas o la disminución del oxígeno atmosférico.

FÓSIL DE AVE

UNA OPORTUNIDAD PARA LOS DINOSAURIOS

210 Ma TRIÁSICO - JURÁSICO (MESOZOICO)

¿Sabes por qué los dinosaurios consiguieron dominar el mundo? Fue gracias a la cuarta gran extinción, en la que dejaron de existir el 75 por ciento de las especies que habitaban el planeta, entre ellas la mayoría de los **arcosaurios**, los terápsidos —considerados los antepasados de los mamíferos— y los grandes anfibios.

CRÁNEO DE TRICERATOPS

LA GRAN CATÁSTROFE

65 Ma LÍMITE CRETÁCICO - CENOZOICO

En esta última gran extinción, quizá la más conocida, desaparecieron la mayoría de los dinosaurios, salvo las aves, y de los reptiles, menos las tortugas y los cocodrilos. A partir de entonces los mamíferos pasaron a dominar el planeta. Entre las causas más aceptadas estarían las erupciones volcánicas o el impacto de un meteorito en la península del Yucatán, en México.

BIOMAS

Los **BIOMAS** son conjuntos de ecosistemas que comparten una vegetación y una fauna características y están definidos fundamentalmente por su clima.

Pueden clasificarse en **TERRESTRES** (como las selvas o los desiertos) y **ACUÁTICOS** (como los mares o los arrecifes), y ofrecen recursos imprescindibles para la vida como son los alimentos y el oxígeno.

Nuestras acciones afectan enormemente a los biomas y, por eso, es importante conservarlos para asegurar el equilibrio de la naturaleza.

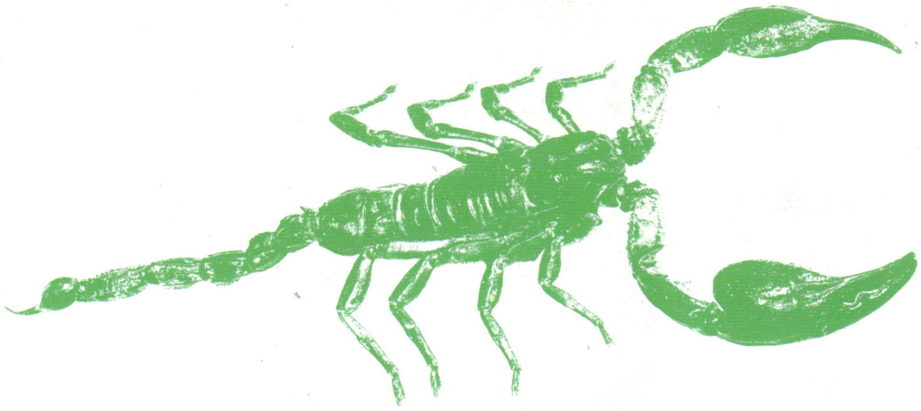

ZONAS POLARES

Los polos de la Tierra reciben muy poca luz del sol y, aunque nieva mucho, apenas llueve. Esto hace que el clima sea muy seco y frío durante todo el año. Aun así, se distinguen dos estaciones: el invierno, en el que nunca sale el sol, y el verano, en el que siempre es de día. ¿Te imaginas vivir así?

NARVAL

El **narval** es un cetáceo que vive en el Ártico y llama la atención por el largo colmillo que los machos tienen en la cabeza.

¡EL NARVAL PUEDE LLEGAR A MEDIR DOS METROS Y PESAR DIEZ KILOS!

¿VIVE ALGUIEN AHÍ?

En las zonas polares no vemos árboles, pero sí arbustos, plantas herbáceas, **líquenes**, algas y musgos. Los anfibios y reptiles también encuentran el clima demasiado frío y seco para vivir, por lo que hay pocas especies. Sin embargo, podemos ver peces como el bacalao antártico, aves como el **búho** y la perdiz nival o mamíferos tan conocidos como el oso polar.

PINGÜINO ADELIA

Los **pingüinos** viven en el sur, y en la Antártida hay seis especies: el de Adelia, el barbijo, el papúa, el rey, el emperador y el macaroni.

ESTATUAS VIVIENTES

La **rana de bosque** y la **salamandra siberiana** son de los pocos anfibios que habitan en los biomas polares. ¿Sabías que pueden congelarse y revivir al descongelarse? La rana de bosque congela sus órganos durante el invierno sin dejar que el hielo entre en sus células gracias a la **glucosa**. Cuando llega la primavera, primero se descongela su corazón, después se reactiva su cerebro, y finalmente puede volver a moverse. La salamandra siberiana también utiliza algunas sustancias para proteger sus células del frío extremo, ¡soportando hasta 50 °C bajo cero! Sin embargo, sigue siendo todo un misterio para los científicos. Increíble, ¿verdad?

! ¡HORA DE ACTUAR!

Estos ecosistemas están muy amenazados por la contaminación del mar y del aire y, especialmente, por el aumento de la temperatura debido al calentamiento global.

DESIERTOS

Los desiertos son territorios con escasa vegetación por la falta de lluvias. Sus paisajes consisten en amplios horizontes de dunas y llanos pedregosos, con condiciones climáticas extremas: mucho calor durante el día, superando los 50 °C, y frío intenso por la noche.

A pesar de este clima, podemos encontrar algunas plantas como el *Aloe vera* y las plantas piedra, que imitan el aspecto de las rocas para que los depredadores no se las coman.

Aunque pensemos que son las zonas más vírgenes y remotas del planeta, millones de personas se han adaptado a vivir en los desiertos.

¿DESIERTOS FRÍOS?

El desierto de Gobi, que se encuentra entre China y Mongolia, es un desierto muy frío. A pesar de tener poca lluvia y temperaturas muy bajas, alberga distintos tipos de vegetación y animales muy diversos, algunos de ellos en peligro de extinción como el asno salvaje asiático, el zeren o gacela de Mongolia o el leopardo de las nieves.

CAMELLOS Y DROMEDARIOS

Son animales rumiantes que se diferencian fácilmente: los camellos tienen dos jorobas y los dromedarios, una. En ellas almacenan grasa para aguantar largas caminatas.

GERBO

El pelaje de este roedor le permite camuflarse en la arena. Es nocturno y tiene los sentidos muy desarrollados. Además, puede dar grandes saltos gracias a sus largas patas traseras.

LOS SUPERVIVIENTES DE LOS DESIERTOS

En estos lugares viven mamíferos, aves, reptiles, insectos y arácnidos que se han adaptado al entorno. La mayoría tienen hábitos nocturnos para mantenerse frescos y consumir menos agua. Otros poseen capas aislantes para protegerse del sol y de la deshidratación.

LAGARTOS

Las escamas de estos reptiles ayudan a mantener su hidratación.

ESCORPIÓN

Este arácnido nocturno es conocido por tener un aguijón venenoso. Se protege de la luz excavando madrigueras y posee un cuerpo rígido que le hace ser muy resistente.

ESTEPAS

Las estepas son biomas que encontramos en todos los continentes y se caracterizan por un clima árido, lluvias escasas y una vegetación principalmente herbácea.

ESPECIES ESTEPARIAS

Las especies de este bioma son resistentes a temperaturas extremas y a la baja disponibilidad de agua. Los mamíferos de gran tamaño, como los bisontes, son los animales más comunes.

Los **caballos de Przewalski** son los únicos equinos salvajes que existen en la actualidad, y hasta hace poco solo se encontraban en cautividad. Estuvieron al borde de la extinción, pero, poco a poco, se está consiguiendo devolverlos a su hábitat natural.

VIZCACHAS

En las estepas de América del Sur encontramos pequeños mamíferos como las **vizcachas,** roedores parecidos a las chinchillas que emiten agudos silbidos para alertar de la presencia de un depredador.

AVUTARDA

Es el ave voladora más pesada del mundo. Durante el apareamiento, los machos hacen un divertvido «baile» llamado «rueda», para atraer a las hembras mostrándoles su adornado plumaje.

UNA RUTA DE NEGOCIOS ?

La estepa más grande es la euroasiática, que se extiende desde Hungría hasta China. Fue clave para la famosa Ruta de la Seda, que permitió a China establecer importantes relaciones comerciales con los países del Mediterráneo.

SABANAS

Las sabanas ocupan grandes extensiones de terreno con plantas herbáceas, arbustos y algunos árboles dispersos. Eso en la época húmeda, porque, cuando llega la seca, ¡apenas se ve una planta! Es por eso por lo que se las considera «biomas de transición», porque estarían en un punto intermedio entre los desiertos y los bosques.

LA SABANA MÁS FAMOSA

En las sabanas hace calor todo el año y, aunque las podemos encontrar en distintas partes del mundo, las más conocidas son las africanas.

En la sabana africana, vive el mamífero terrestre más grande del mundo: el **elefante africano**. ¡Puede llegar a medir cuatro metros de alto y a pesar 6.000 kilos! Su trompa es en realidad una larga nariz que le sirve para oler, coger objetos o refrescarse. ¿Sabías que en el MNCN tenemos uno? Es una de nuestras piezas más importantes.

¿HAS LEÍDO *EL PRINCIPITO*?

En este libro aparece un **baobab**, un árbol muy típico de la sabana. Pueden llegar a vivir desde 800 a 1.000 años, ¡o incluso 5.000!

JABALÍ VERRUGOSO

El facóquero común o jabalí verrugoso es muy abundante en la sabana africana. Es omnívoro y se alimenta habitualmente de hierbas, raíces, frutas, cortezas, hongos y pequeños mamíferos.

PANGOLÍN

¡Los pangolines son animales increíbles! Tienen escamas por todo el cuerpo y pueden enrollarse hasta hacerse una bola para defenderse de los depredadores. Sin embargo, a pesar de sus estrategias, están muy amenazados por el comercio ilegal.

BOSQUES

En los bosques templados, la temperatura cambia a lo largo de las estaciones y llueve frecuentemente, lo que permite que crezcan hongos, líquenes y una gran variedad de plantas.

Cuando vayas al bosque, mira bien entre la hojarasca y en los troncos de los árboles, porque seguro que encuentras un montón de insectos. Si tienes suerte, también podrás ver mamíferos como roedores, jabalíes o linces, y seguro que oirás aves como pinzones, herrerillos o búhos.

PICO PICAPINOS

Seguro que habéis escuchado alguna vez al **pico picapinos**, el pájaro carpintero que más rápido tamborilea los árboles con el pico.

LOS TEJONES

Los **tejones** viven en tejoneras que pueden llegar a tener hasta cincuenta entradas y distintas zonas conectadas por caminos.

ESCARABAJO RINOCERONTE

Los machos de los **escarabajos rinoceronte** tienen un cuerno en la cabeza parecido al de este animal y ¡son capaces de levantar 850 veces su propio peso!

LA MATAMOSCAS

La **matamoscas** es una seta que crece asociada a las raíces de los árboles con los que intercambia nutrientes. Es muy bonita, pero **¡CUIDADO, QUE ES TÓXICA!**

¡HORA DE ACTUAR!

Los bosques nos proporcionan muchos recursos y son muy importantes para el **ciclo del carbono**, la calidad del aire y del agua, además de protegernos de la erosión del suelo y de las inundaciones. Sin embargo, están muy amenazados.

¿Nos ayudas a protegerlos?

SELVAS

Las selvas son bosques tropicales con clima cálido y muy húmedo, lo que explica que allí se encuentre más de la mitad de la vida salvaje del planeta.

Algunos árboles superan los sesenta metros de altura y hay una gran diversidad de plantas que llenan de color la densa vegetación verde.

Como si de una «casa vegetal» se tratara, los animales se distribuyen en distintos «pisos»: las copas de los árboles forman la capa emergente y el **dosel**; después está el **sotobosque**, formado por arbustos y las copas de los árboles más pequeños; y el último piso sería el **suelo**.

¡ECHA UN VISTAZO A VER QUÉ ANIMALES ENCUENTRAS!

ÁGUILA HARPÍA

El **águila harpía** tiene una envergadura de dos metros, y la hembra es más grande que el macho. Se alimenta de monos, perezosos, otras aves y algunos reptiles.

GALEOPITECO

El **galeopiteco** tiene un pelaje que le permite camuflarse y puede planear gracias a una membrana de piel que se despliega cuando salta de árbol en árbol.

RANA HOJA

Como su nombre indica, la **rana hoja** tiene un color marrón, morro puntiagudo y ojos hundidos que le dan aspecto de hoja muerta.

HORMIGAS CORTADORAS

Las **hormigas cortadoras** forman largas hileras portando trozos de hojas que mastican y convierten en abono para los hongos de los que se alimenta la colonia.

¿SABÍAS QUÉ?

La **selva amazónica** es uno de los lugares con mayor biodiversidad del planeta y en ella se encuentra el **río Amazonas**, el más largo y caudaloso del mundo.

PEZ ARQUERO

El **pez arquero** escupe un chorro de agua de hasta metro y medio de alto para cazar insectos.

DELTAS Y ESTUARIOS

ENTRE LA TIERRA Y EL MAR

Deltas y estuarios albergan ecosistemas como dunas y humedales o marismas, que dan cobijo a muchas especies de agua dulce, marinas y terrestres. **¡Son muy diversos y productivos!**

En ellos son típicas las plantas sumergidas, flotantes y emergentes como la enea o los juncos. Las aves, los peces y los invertebrados son los grandes protagonistas de estos biomas, pero también encontramos muchos reptiles y mamíferos.

Estos biomas tienen grandes extensiones de arena y fango procedentes de sedimentos arrastrados por los ríos, donde habitan almejas, navajas o berberechos.

¿TE HAS FIJADO EN LA DESEMBOCADURA DE UN RÍO?

Cuando el agua llega al mar o a un lago, se forman biomas increíbles y llenos de vida.

¿CONOCES AL CANGREJO CACEROLA?

Este invertebrado de divertido nombre es un **fósil viviente**. En realidad, está más emparentado con los arácnidos, como arañas y escorpiones, que con los crustáceos.

ZARAPITO REAL

El **zarapito real** es un **ave limícola** y llama la atención por su gran pico curvado, con el que busca invertebrados en los sedimentos.

¡HORA DE ACTUAR!

Además de ser muy productivos, estos biomas nos protegen de fenómenos como inundaciones y tormentas, y filtran el agua. Están muy amenazados por la urbanización, el cambio climático, las **especies exóticas invasoras** y la contaminación.

EL MANATÍ DEL CARIBE

En la desembocadura del río Amazonas se encuentra un animal adorable: el **manatí del Caribe**. También se le conoce como «vaca marina», pues se pasa el día pastando en las praderas acuáticas.

ARRECIFES

Los arrecifes de coral se encuentran en aguas cálidas y poco profundas. Se caracterizan por albergar comunidades de corales y una gran diversidad de peces, invertebrados y algas. En ellos viven y se reproducen muchas especies marinas y son una barrera natural que protege la costa de temporales y tsunamis.

EL MAYOR ARRECIFE DE CORAL DEL MUNDO

La Gran Barrera de Coral está en Australia, tiene cerca de 2.500 kilómetros de longitud y acoge una extraordinaria biodiversidad. Fue declarada Patrimonio de la Humanidad por la Unesco.

¿PLANTA O ANIMAL?

Aunque a menudo se los confunde con plantas o rocas, los corales son animales coloniales. Muchas especies de coral tienen un exoesqueleto duro y conviven con algas que les proporcionan nutrientes para poder vivir. Si aumenta la temperatura, estas mueren, lo que provoca el blanqueamiento del coral, una de las principales causas de su desaparición.

COLORES DEL ARRECIFE

Una gran variedad de peces llena de color el arrecife. Desde el anaranjado pez payaso al azul intenso del **pez cirujano** que, además, está cubierto de espinas afiladas que usa para protegerse. ¡Y no podemos olvidar a las estrellas de mar! No tienen sangre ni cerebro y son capaces de regenerar sus brazos.

En los arrecifes también hay muchos moluscos y crustáceos, como la **gamba mantis**. Puede rotar sus ojos para mejorar su campo de visión y posee una fuerza extraordinaria en sus apéndices anteriores, que usa para golpear a sus presas.

MARES Y OCÉANOS

Los océanos son masas de agua que ocupan tres cuartas partes de la superficie de nuestro planeta, separan continentes, albergan miles de especies e influyen en el clima.

Cuando visites el MNCN, no olvides mirar al techo. De allí cuelga **Vega**, un impresionante esqueleto de rorcual común. Esta ballena llegó al museo en 2010 tras quedar varada en Marbella. ¡Mide más de 20 metros y pesa 2.500 kilos!

Los **caballitos de mar** son peces que nadan verticalmente entre algas y plantas. Gracias a su cola prensil pueden agarrarse para no ser arrastrados por las corrientes.

¿SABÍAS QUE ES UNA DE LAS POCAS ESPECIES EN LAS QUE EL MACHO INCUBA LOS HUEVOS DE LAS FUTURAS CRÍAS?

Además de moluscos, crustáceos, mamíferos y peces, en el mar también viven reptiles como las serpientes y las tortugas marinas.

Estas tortugas, a diferencia de las terrestres, tienen aletas. Necesitan salir a la superficie para respirar de vez en cuando y anidan en las playas, donde cavan huecos para depositar los huevos. La **tortuga laúd** es la más grande de todas.

¡HORA DE ACTUAR!

Los **plásticos** son una de las grandes amenazas de los océanos y debemos reducir su consumo si queremos preservar la vida marina. Lo contaminan todo, llegando incluso a crear islas artificiales de plástico en mitad del océano. Muchos animales los confunden con alimento y se asfixian al comerlos o se enredan en ellos, impidiéndoles nadar.

En todos los océanos hay organismos microscópicos denominados «plancton» que son la base de la cadena alimentaria marina. Además de ser una fuente de alimento imprescindible, producen gran parte del oxígeno de la Tierra.

En el fondo oceánico predomina la oscuridad total salpicada por la **bioluminiscencia** de los organismos vivos. Allí, las temperaturas son muy bajas y escasea el oxígeno y el alimento.

En este inmenso mundo oscuro, silencioso y poco conocido viven extrañas criaturas. Animales como el **rape abisal** se han tenido que adaptar a estas condiciones extremas. La hembra tiene una especie de bombilla colgando de su cabeza que llama la atención de otros peces que se acercan a curiosear y acaban siendo su presa.

BIODIVERSIDAD ANIMAL

Así como cada uno de nosotros somos diferentes, la naturaleza también lo es. La biodiversidad es la variabilidad de organismos vivos de todas las clases, dentro de las especies, entre las especies y en los ecosistemas. En esta sección descubrirás esta gran variedad de la vida que llena el planeta de colores, formas, tamaños y habilidades distintas, lo que hace que sea enormemente rico y bello.

EL ÁRBOL DE LA VIDA

¿Cuándo apareció la vida en la Tierra? Gracias al avance científico se ha podido saber que todas las especies han evolucionado a partir de las primeras moléculas de ADN y células que comenzaron a formarse hace unos 3.800 millones de años.

Como ha pasado muchísimo tiempo desde entonces y las especies han ido evolucionando, la mejor manera de organizar y representar la enorme diversidad de seres vivos que existen y han existido en el planeta es a través de lo que llamamos «árbol filogenético», el cual se divide en cinco grandes reinos y nos permite entender las relaciones entre especies. ¿Los conoces?

REINO FUNGI: el de los hongos, donde encontramos no solo las setas, sino también el moho y las levaduras que utilizamos para hacer pan o cerveza.

REINO PROTISTA: engloba organismos unicelulares como las amebas y pluricelulares como las algas.

REINO MÓNERA: son las bacterias, organismos unicelulares que constituyen la forma de vida más antigua del planeta. Habitan infinidad de lugares, incluso nuestro cuerpo.

¿SABÍAS QUE LOS TAXÓNOMOS SON BIÓLOGOS ESPECIALIZADOS EN IDENTIFICAR NUEVAS ESPECIES Y AVERIGUAR SU ORIGEN ANALIZANDO SU MORFOLOGÍA E INFORMACIÓN GENÉTICA?

Cuando descubren nuevas especies, crean un **nombre científico** en latín para que investigadores de todo el mundo puedan referirse a ellos. Hay algunos tan difíciles de pronunciar como la rana *Barbourula busuangensis*, estudiada por investigadores del MNCN.

REINO ANIMAL: dentro de este reino, el grupo de los insectos es el más grande, ¡con más de un millón de especies diferentes!

REINO VEGETAL: las plantas producen su propio alimento gracias a la luz del sol y nos proporcionan el oxígeno necesario para vivir.

VERTEBRADOS E INVERTEBRADOS

Para clasificar animales, lo mejor es averiguar si tienen esqueleto interno o carecen de él. Dicho de otra forma, si son vertebrados o invertebrados.

Los **animales vertebrados** son aquellos que poseen un esqueleto interno que puede ser óseo (formado por hueso) o cartilaginoso (compuesto por **cartílago**). El esqueleto es fundamental para dar soporte al cuerpo, facilitar el movimiento y proteger órganos tan importantes como el cerebro. Los animales vertebrados son los peces, los anfibios, los reptiles, las aves y los mamíferos.

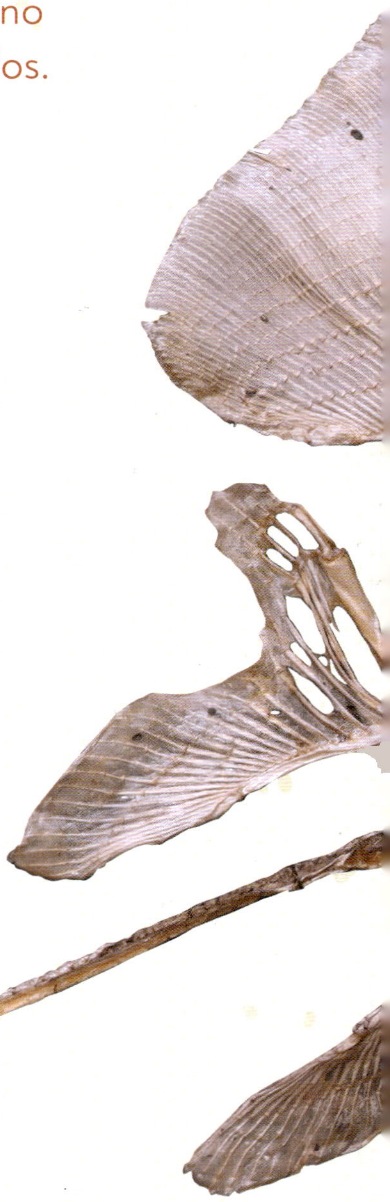

LA IMPORTANCIA DE LOS HUESOS

Las colecciones del MNCN albergan multitud de esqueletos que, a día de hoy, se utilizan para la investigación. Los científicos y científicas realizan medidas y análisis genéticos para ver posibles cambios en las especies.

¿SABÍAS QUÉ?

Las jirafas y los seres humanos tenemos siete vértebras cervicales. Las de la jirafa evolucionaron y se distanciaron entre ellas dando lugar a su laaaaaargo cuello.

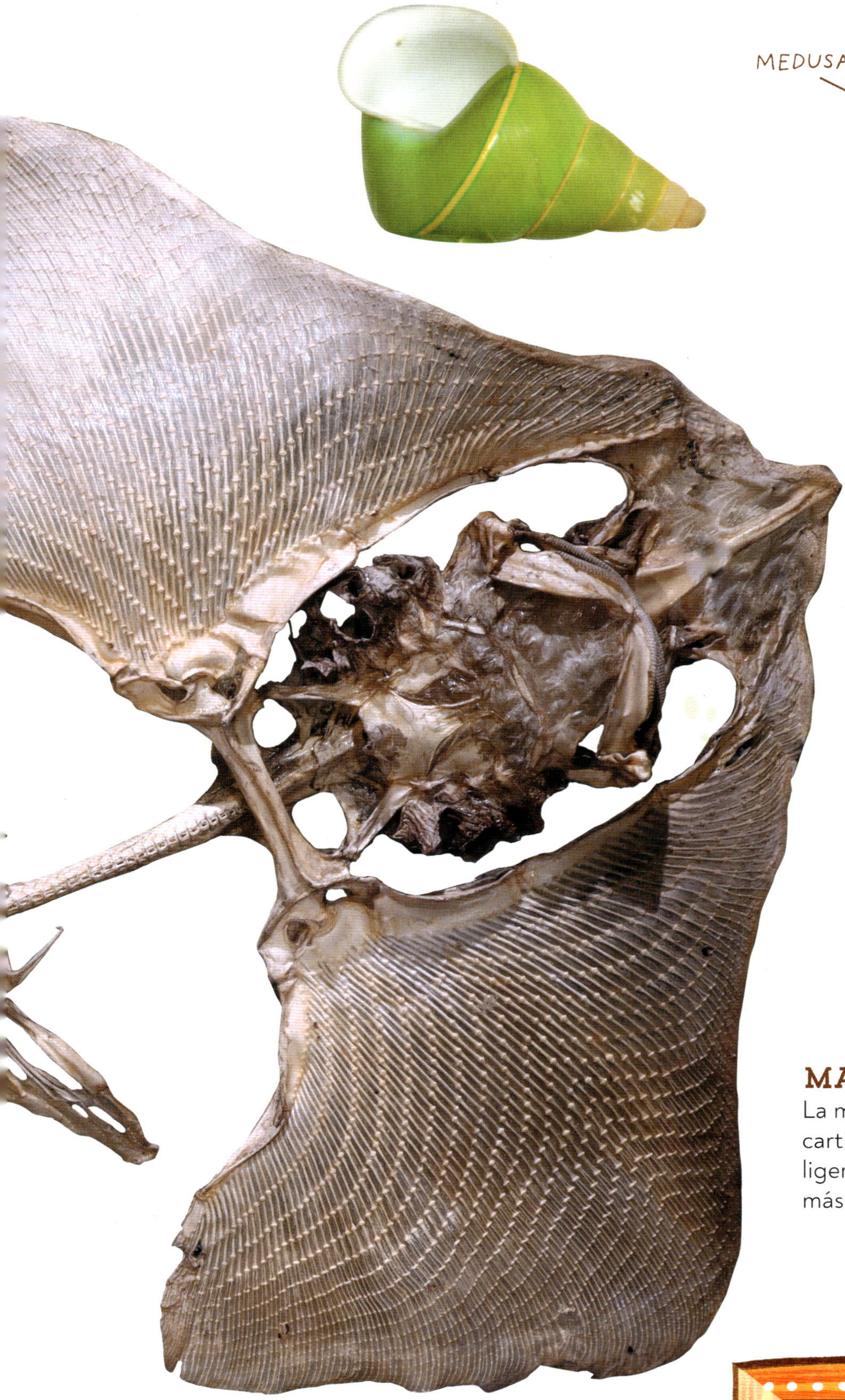

Los **animales invertebrados** no tienen esqueleto interno articulado de hueso o cartílago. Sin embargo, algunos sí que presentan un **exoesqueleto** con el que protegen sus órganos. Estos animales son los artrópodos (insectos, arácnidos, crustáceos), moluscos (caracoles, pulpos o almejas), anélidos o gusanos, platelmintos o gusanos planos, también gusanos pero marinos y aplanados, equinodermos (estrellas de mar o erizos), cnidarios (corales o medusas) y los poríferos (esponjas de mar).

MANTA RAYA

La manta raya tiene un esqueleto de tejido cartilaginoso que es fuerte, flexible y más ligero que los huesos. Esto le permite nadar más rápido y ahorrar energía.

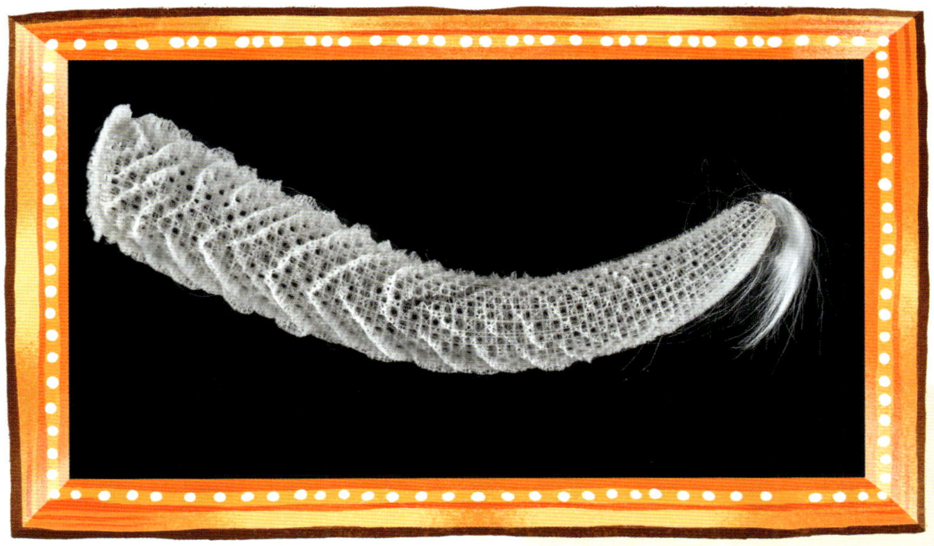

LA REGADERA DE FILIPINAS

Esta esponja es un animal con un esqueleto formado por minerales que recuerda a un tejido de encaje. Está considerado un prodigio de la ingeniería y sirve de inspiración para el diseño de materiales muy resistentes.

CURIOSIDADES DE LA EVOLUCIÓN

En el árbol de la vida, no todo es lo que parece.

Pensemos en nuestros brazos, parecen muy distintos al ala de un pájaro o a la aleta de un pez, ¿verdad? Pues en realidad... ¡los humanos tenemos los mismos huesos que un colibrí y una ballena en las extremidades anteriores!

PARECIDOS ENGAÑOSOS

Ahora pensemos en las alas de los insectos y de las aves, parecen lo mismo, ¿a que sí?

¡PUES NO LO SON!

Se parecen porque sirven para lo mismo, pero son diferentes porque tienen un origen distinto.

UN ORIGEN COMÚN

Este es un ejemplo muy conocido de **homología**, algo que ocurre cuando varios animales como los **tetrápodos** tienen estructuras similares que proceden de un ancestro común. ¿Significa eso que podemos volar? Por desgracia, no, y esto es porque los huesos han ido cambiando de forma y tamaño a lo largo de la evolución, adaptándose a los distintos modos de vida de las especies.

LO MISMO OCURRE CON ALGUNOS ANIMALES QUE, EN SU EVOLUCIÓN, SE HAN ADAPTADO A LA VIDA EN LOS OCÉANOS. ¡FÍJATE EN ESTE OTRO EJEMPLO!

TIBURÓN BLANCO

El **tiburón blanco** es un pez de esqueleto cartilaginoso, el atún es un pez óseo, el delfín común es un mamífero y el ictiosaurio fue un reptil marino del periodo Jurásico. Se parecen mucho entre ellos, ¿verdad? Pues realmente son cuatro especies diferentes que provienen de ancestros muy distintos.

Otro ejemplo es el del **ojo de los humanos** y el de los cefalópodos como los calamares. Ambos evolucionaron para el mismo fin y, aunque parecen similares, en realidad son muy distintos.

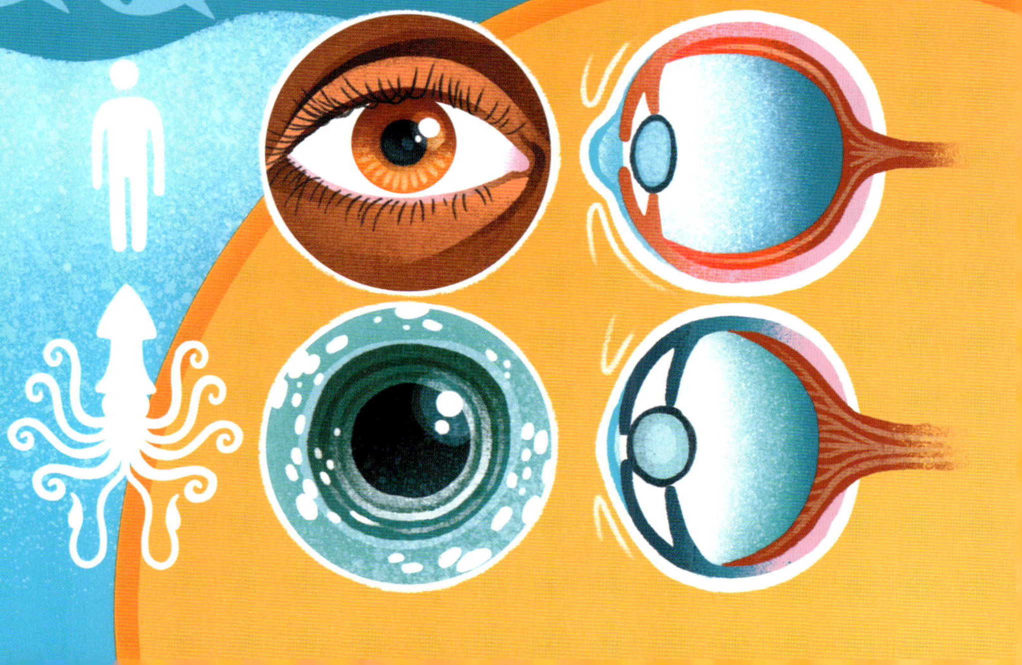

ESTOS SON CASOS DE **HOMOPLASIA** O CONVERGENCIA EVOLUTIVA, QUERIDOS DETECTIVES DE LA NATURALEZA. ¡MIRAD QUE ES ENGAÑOSA!

DIVERSIDAD DE FORMAS

La evolución es de lo más creativa para dar lugar a formas que se adaptan a la perfección a las necesidades de cada especie. Esto hace que haya una gran variedad morfológica en la naturaleza.

PIENSA POR UN MOMENTO EN LOS CUERNOS DE UN TORO Y LAS ASTAS DE UN CIERVO: ¿CREES QUE SON LO MISMO?

Animales como los toros o los antílopes tienen cuernos, que son prolongaciones del hueso del cráneo recubiertas de una funda protectora que crece toda la vida y nunca se desprende. Por el contrario, los cérvidos tienen astas, también llamadas cuernas, y gastan mucha energía en ellas, ya que las renuevan cada año. Tienen una composición similar al hueso y están recubiertas de piel con muchos vasos sanguíneos.

Pero para diversidad de formas están los picos de las aves. Puntiagudos, alargados, curvados, gruesos... ¡Todo depende de su alimentación! Y es que, aunque pensemos que todos los picos son iguales, lo cierto es que no es lo mismo partir un fruto seco que buscar gusanos entre los granos de arena de la playa. Así que, la próxima vez que veas algún ave, no solo te fijes en su canto o en sus colores; mira bien su pico y averigua por qué tiene esa forma.

¿SABRÍAS IDENTIFICAR EL ALIMENTO DE CADA AVE POR LA FORMA DE SU PICO?

SOLUCIÓN: A-5 / B-6 / C-4 / D-3 / E-1 / F-2

Otro ejemplo curioso es el del **aparato bucal de los insectos**. A lo largo de la evolución los insectos también han ido desarrollando distintos tipos de estructuras adaptadas a su modo de alimentación.

Por ejemplo, los saltamontes y la mayoría de los escarabajos tienen mandíbulas para masticar el alimento. Sin embargo, los mosquitos tienen unas piezas alargadas que les sirven para perforar la piel y chupar la sangre, mientras que las mariposas tienen una especie de «trompa» con la que absorben el polen de las flores.

UNA EXPLOSIÓN DE COLOR

El color ejerce un papel muy importante en la vida de los animales, llegando a influir en su supervivencia o en su reproducción.

El color se origina gracias la presencia de un pigmento conocido como la **melanina**. Esta actúa como un escudo frente a la radiación ultravioleta y favorece la absorción de calor, algo muy beneficioso para los anfibios y reptiles que viven en zonas frías.

¿CONOCES LAS RANAS PUNTA DE FLECHA?

Algunos animales también usan el color para comunicar y avisar a sus depredadores de que son tóxicos o venenosos.

¿Y QUÉ TE PARECE EL ABEJARUCO? ¡MIRA CUÁNTOS COLORES!

¿SABÍAS QUÉ?

¿Te has fijado en lo colorido que es un pavo real? Los machos usan su cola para atraer a las hembras y proteger su territorio de posibles depredadores.

NADA ES LO QUE PARECE

Las mariposas *Morpho* en realidad no son azules. Su color se debe al reflejo de la luz en las escamas microscópicas de sus alas. Cuando aletean, se combina con el marrón claro de la parte interior, distrayendo a sus depredadores al dar la sensación de que aparecen y desaparecen.

¿DÓNDE ESTÁN TUS COLORES?

El albinismo es una **mutación** que impide la producción de melanina. Hay aves que no tienen color en las plumas ni en los ojos. Esto las convierte en animales muy vulnerables al ser sensibles a la luz y tener poca profundidad de visión.

¡EN EL MNCN TENEMOS UN GORRIÓN ALBINO!

NATURALEZA EN MOVIMIENTO

Seguro que tras una divertida tarde de juegos has corrido, con el estómago rugiente, a devorar la cena. Buscar alimento, refugio o incluso pareja son algunas de las razones que empujan a los animales a moverse. Pero las formas de locomoción son tan variadas como la naturaleza misma.

DIME DÓNDE VIVES Y TE DIRÉ CÓMO TE MUEVES

¿De qué depende la forma en la que se mueven los animales? Principalmente, de las características del medio en el que viven, que hace que tengan que enfrentarse a cosas como: la fuerza de la gravedad, la fricción del viento o mantenerse a flote en el agua.

Aparte de correr, nadar y volar, ¿qué otras formas de moverse se te ocurren? Animales como los corales o las esponjas son **sésiles**, es decir, que no se mueven por sí mismos.

Un ejemplo curioso es el de los **percebes**, unos crustáceos que permanecen fijos a las rocas de la costa y se mueven por la fuerza de las olas. Se alimentan por la filtración de partículas del agua al interior de su cuerpo.

PEZ LUNA

El **pez luna** es un animal superpesado, y no porque sea inaguantable, sino porque es el pez óseo con más peso del mundo: ¡unos 1.000 kg! Su forma aplanada le permite nadar en la superficie acostado sobre un lado, o bien en vertical sumergido, con la aleta dorsal sobresaliendo por el agua.

GECKO

Los **geckos** tienen unas almohadillas en sus patas que les permiten moverse de formas increíbles. Pueden quedarse colgados del techo, trepar por las paredes e, incluso, correr sobre el agua.

DIVERSIDAD DE GRUPOS

Los animales pueden ser solitarios o gregarios. Los solitarios solo se encuentran con otros individuos de su misma especie para reproducirse, mientras que los gregarios forman grupos y mantienen relaciones sociales para conseguir alimento, protección, pareja, etc.

JUNTOS SOMOS MÁS FUERTES

ABEJA MELÍFERA

Estos insectos son muy sociables y viven en colonias formadas por castas: reina, zánganos y obreras. Cada abeja cumple una función concreta para garantizar la supervivencia en la colmena.

LOBOS

Conviven en manadas lideradas por una pareja reproductora dominante. Ellos son quienes se encargan de resolver los conflictos, distribuyen el alimento y mantienen la unión entre sus miembros.

GORILAS

El macho adulto, o espalda plateada, lidera el grupo formado por varias hembras y machos jóvenes. Decide los movimientos de la manada, la defiende y resuelve conflictos. Se comunican por medio de sonidos y señales y son sociables como nosotros.

UNA VIDA SOLITARIA

PANDA

El panda adulto prefiere tener definido el espacio donde vive, come y se reproduce. ¡Son unos glotones! La mayor parte del día lo dedican a comer bambú.

RINOCERONTE NEGRO

Este grandullón vive plácidamente en solitario refugiado en la sombra de la sabana. Si encuentra una charca, se cubre de barro para protegerse del sol y repeler a los molestos mosquitos.

KOALA

Es un animal muy tranquilo que solo está acompañado cuando la hembra cuida de las crías, de las cuales se apartará cuando puedan valerse por sí mismas.

¡MON

¡DE TODOS LOS TAMAÑOS!

Hay animales enormes, grandes, medianos, pequeños y diminutos. La razón de esto es la **selección natural**. Por ejemplo, en las islas oceánicas los animales grandes tienden a ser más pequeños porque hay menos depredadores al acecho, y los pequeños tienden a ser más grandes porque tienen menos competidores.

Independientemente de su tamaño, recuerda que todos los animales tienen su encanto y que siempre son capaces de sorprendernos.

CALAMAR GIGANTE

El **calamar gigante** es el mayor invertebrado del planeta y posee los ojos más grandes de todo el reino animal. Dado que viven a grandes profundidades, verlos es casi misión imposible. ¿Sabías que existen muy pocos ejemplares en las colecciones de los museos y que en el MNCN puedes ver una joven hembra de 7,5 metros?

MENTALES!

SEGÚN DONDE VIVAS, SER GRANDE O PEQUEÑO PUEDE TENER VENTAJAS O INCONVENIENTES.

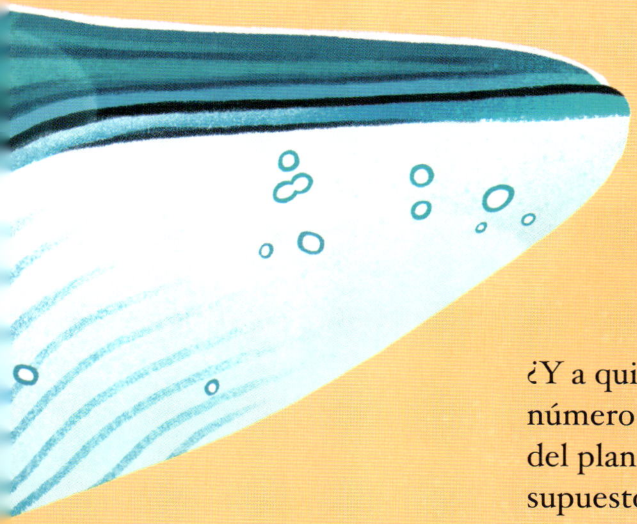

¿Y a quién encontramos en el puesto número 1 como el animal más grande del planeta? A la **ballena azul**, por supuesto. ¡Alcanza hasta 30 metros alimentándose solamente de plancton y krill!

AVESTRUZ

El **avestruz** puede llegar a alcanzar más de 2,5 metros de altura. No solo tiene el récord de ser el ave más grande y de mayor peso del mundo, sino que sus huevos también son enormes, llegando a pesar hasta 1,5 kilos (el equivalente a 24 huevos de gallina).

Aunque el **elefante africano** no se queda atrás, siendo el mayor mamífero terrestre actual.

¡VIDA DIMINUTA!

Pequeños pero «matones», los **ácaros acuáticos** son grandes depredadores de mosquitos. ¡No hay ninguno que se les resista!, y eso que son más pequeños que un grano de arena.

En la isla de Madagascar vive un minúsculo **camaleón** que tiene el título del reptil más pequeño encontrado hasta la fecha. ¡Solo mide 22 milímetros!

La **musarañita** es uno de los mamíferos más pequeños del mundo. ¡No supera los 5 centímetros y apenas llega a los 3 gramos de peso!

ANIMALES DE SOL

El sol es crucial para la vida en nuestro planeta y muchos animales lo aprovechan para ahorrar energía.
Los animales **ectotermos**, como los reptiles, usan los rayos del sol para regular su temperatura corporal, calentándose cuando lo necesitan. Mientras que para los animales **endotermos**, el sol ayuda a facilitar procesos como la digestión.

LAGARTO DE COLA ESPINOSA

El **lagarto de cola espinosa** tiene la capacidad de cambiar el color de su cuerpo para controlar su temperatura corporal. Se vuelven más oscuros durante el día para captar mejor la radiación.

LÉMUR DE COLA ANILLADA

El **lémur de cola anillada**, conocido también como «adorador del sol», se sienta de una peculiar forma frente a él para calentarse. Es habitual verlo tomando el sol en grupo por las mañanas.

ANIMALES NOCTURNOS

LA IMPORTANCIA DE LOS SENTIDOS

Los animales nocturnos tienen tímpanos más desarrollados y pueden detectar vibraciones. Así perciben los sonidos de las presas que se mueven a su alrededor.

En cuanto al tacto, mamíferos como los **topos** usan los bigotes o los pelos de su hocico para ubicarse y tantear a los depredadores.

AL CAER LA NOCHE, MUCHOS SON LOS ANIMALES QUE SALEN DE SUS ESCONDITES EN BUSCA DE ALIMENTO.

TODOS ELLOS TIENEN ADAPTACIONES ESPECIALES PARA SOBREVIVIR A LA VIDA NOCTURNA.

Otros como el **búho** o la **lechuza** poseen una visión adaptada que les permite ver en la oscuridad y, por eso, sus ojos y pupilas son tan grandes.

El olfato permite percibir los olores de presas, depredadores e incluso fuentes de agua. El **zorro** lo tiene muy desarrollado y lo agudiza por las noches.

COEVOLUCIÓN

Las especies de un mismo hábitat interactúan entre sí y, aunque algunas se llevan «como el perro y el gato», ¡otras son inseparables! Hay interacciones que, si se mantienen en el tiempo, hacen que los seres vivos evolucionen conjuntamente, es decir, coevolucionen.

¿QUIÉN SALE GANANDO?

En las relaciones entre seres vivos, uno puede salir perjudicado, beneficiado o no verse afectado. Fíjate en cada ejemplo y piensa quién gana, pierde o ni lo uno ni lo otro.

DEPREDACIÓN

El **tiburón blanco** es un superdepredador que se alimenta de peces y mamíferos marinos como las focas.

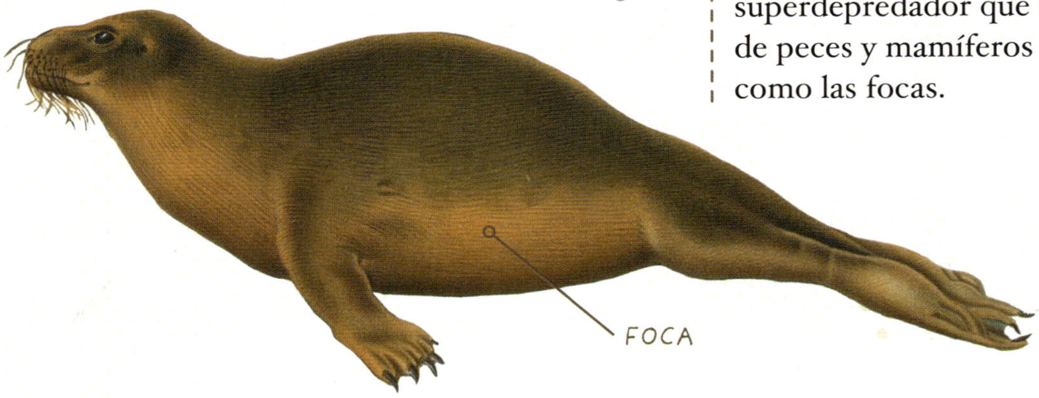

¿SABÍAS QUÉ?

Las plantas han coevolucionado con los animales que las polinizan. Por ejemplo, como las aves utilizan el sentido de la vista, algunas tienen flores muy coloridas. Sin embargo, las polinizadas por murciélagos utilizan olores sugerentes para atraerlos.

PARASITISMO

Las **garrapatas** parasitan a los **perros** y otros animales para alimentarse de su sangre.

COMENSALISMO

Las **tortugas marinas** a veces hacen de «autobuses» de **rémoras**, ya que estos peces se adhieren a ellas para desplazarse de un lado a otro.

MUTUALISMO

Es un tipo de simbiosis. Un ejemplo es el de la **tarántula púrpura**, que, a pesar de ser venenosa, protege a la **rana de hojarasca** en su nido, y esta, a su vez, se alimenta de sus parásitos y cuida de sus huevos.

COMPETENCIA

Los **buitres** y los **chacales** compiten por la comida, pues ambos se alimentan de carroña.

¡HORA DE ACTUAR!

La desaparición de una especie puede afectar a muchas otras debido a las relaciones entre ellas. Es el caso del **lince**, que depende de la presencia de conejos porque prácticamente solo se alimenta de ellos.

ANIMALES PARÁSITOS Y ENFERMEDADES

Un parásito es un organismo que habita sobre otra especie o dentro de ella. Buscan dos cosas: alimento y refugio. Se desconoce cuántos hay y cuántos quedan por descubrir, pero lo cierto es que son temidos, muy resistentes y llevan siglos sobreviviendo y adaptándose a los cambios de temperatura y otras amenazas.

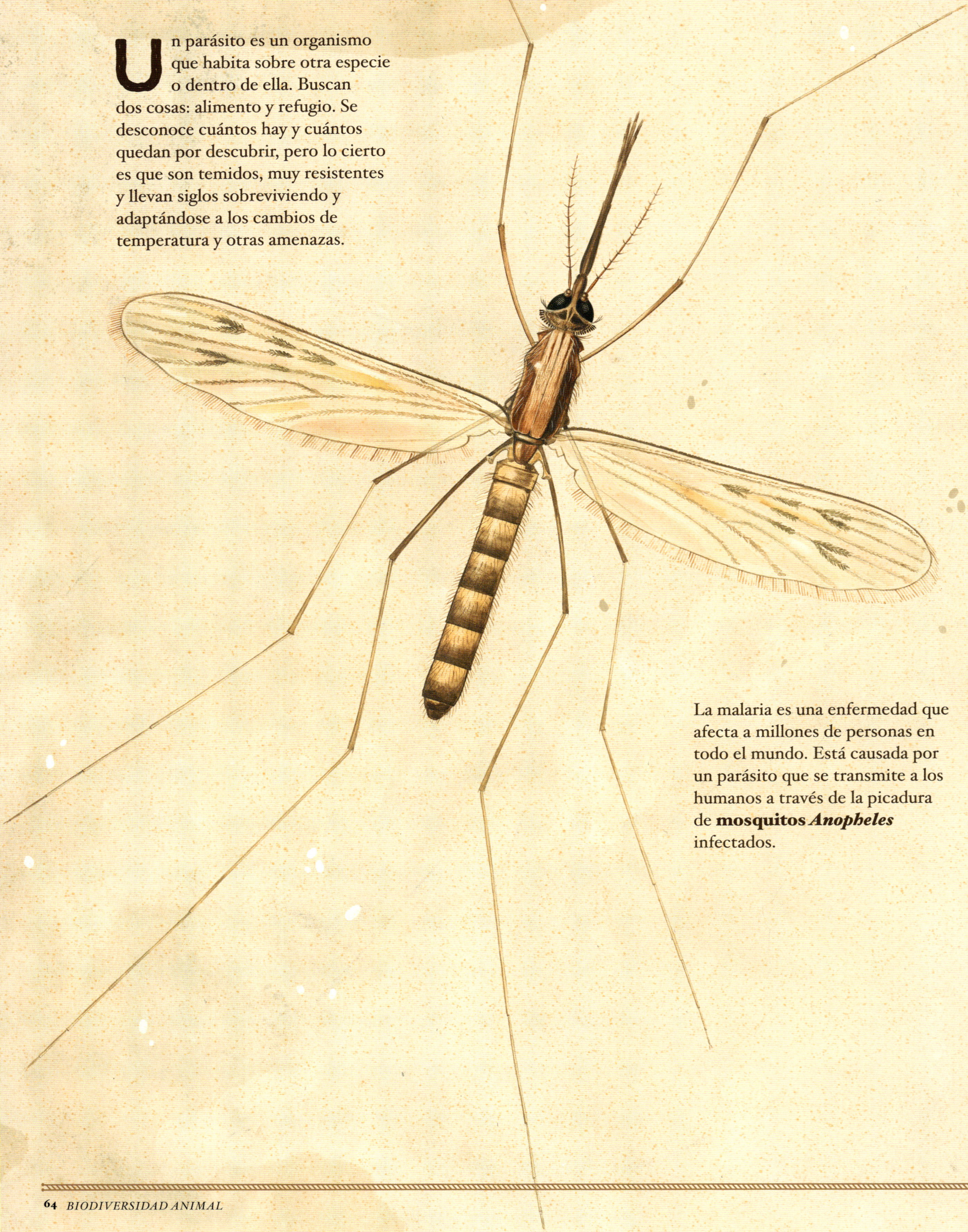

La malaria es una enfermedad que afecta a millones de personas en todo el mundo. Está causada por un parásito que se transmite a los humanos a través de la picadura de **mosquitos *Anopheles*** infectados.

GARRAPATA

Las **garrapatas** son ácaros que se alimentan de sangre y pueden transmitir enfermedades infecciosas. Cuando vuelvas de un paseo por el campo, revisa bien tu piel y comprueba que no se te ha adherido ninguna.

¿SABÍAS QUÉ?

Los seres humanos también podemos contagiar enfermedades a animales como el gorila. Este primate es muy sensible a contraer las nuestras, en especial las respiratorias.

PICABUEYES PIQUIRROJO

El **picabueyes piquirrojo** libera a los huéspedes de sus parásitos. Estos pájaros se posan sobre hipopótamos, rinocerontes o búfalos y se comen todos los que encuentran en su piel. Además, advierten de peligros gracias a su estridente canto y visión privilegiada.

ANIMALES DE LEYENDA

Érase una vez una biodiversidad tan increíble que parece de ciencia ficción. En esta página descubrirás animales que han inspirado leyendas e historias fantásticas.

¿CUÁL ES TU PREFERIDA?

Imagina un lagarto tan ágil que es capaz de correr sobre el agua. La cresta de su cabeza le da un aspecto similar al del temido rey de las serpientes de la mitología griega que convertía en piedra a todo aquel que lo mirara a los ojos: el **basilisco**. Pero no temas, **¡este reptil es inofensivo!**

En su periplo en busca del Nuevo Mundo, Cristóbal Colón afirmó avistar sirenas, seres de la mitología clásica que engañan a los marineros con sus cantos. Sin embargo, lo que el explorador debió encontrar en realidad fueron **manatíes**, simpáticos y tranquilos animales emparentados con los elefantes.

En los mares del Norte, una criatura de enormes tentáculos acecha a los marineros noruegos: el *kraken*. Que no cunda el pánico, grumete, pues tal monstruo marino no existe. Lo más parecido es el **calamar gigante**, que vive en las profundidades y se alimenta de peces y pequeños invertebrados marinos. **¡Las hembras pueden llegar a medir 13 metros!**

Cuando cae la noche, una criatura se despierta boca abajo en la oscuridad de su cueva. Está sedienta de sangre de ganado... ¿Se tratará de un vampiro? Pues casi, porque hablamos de un **murciélago vampiro**, que recibe ese nombre por sus semejanzas con este ser del folklore europeo.

Según la leyenda, en la selva amazónica se oculta una criatura similar a un oso a la que llaman mapinguarí, de piel dura como la de un cocodrilo y una segunda boca en el estómago, que además desprende un olor apestoso. Se dice que podría tratarse de un descendiente del **megaterio**, un perezoso gigante que se extinguió hace unos 9.000 años.

PRESERVAR LA BIODIVERSIDAD

Seguro que, en algún momento, has visto y oído noticias sobre el aumento de la temperatura, los incendios, las inundaciones, las sequías y las especies en peligro de extinción, ¿verdad? Esto es porque algunas actividades de los seres humanos dañan los hábitats naturales y modifican el clima del planeta, haciendo que cada vez sean más frecuentes.

Pero... ¿qué podemos hacer? ¿Está todo perdido? Si has llegado hasta el final de este libro, significa que sabes lo importante que es, tanto para el ser humano como para el planeta, la asombrosa biodiversidad que nos rodea. Nuestra gran esperanza sois vosotros, las nuevas generaciones y los futuros científicos y científicas.

Así que, si quieres convertirte en el superhéroe o superheroína de nuestro tiempo, solo tienes que continuar investigando y seguir las recomendaciones de la ciencia para vivir de forma más sostenible.

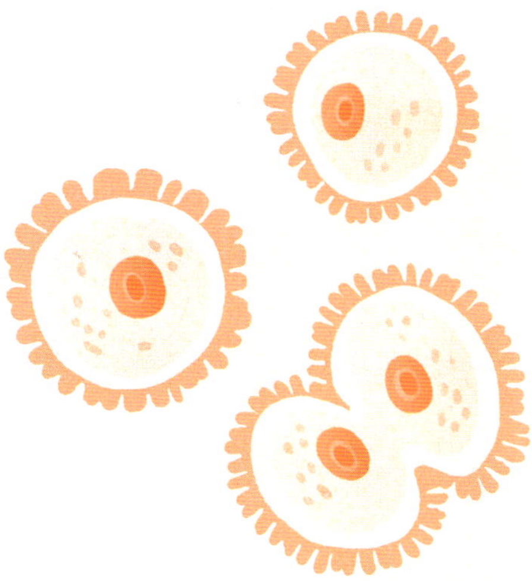

¡HORA DE ACTUAR!

En la actualidad, muchos científicos y científicas afirman que estamos viviendo la sexta gran extinción debido a la acción humana, la cual ha provocado la destrucción de hábitats, la contaminación, la aparición de especies invasoras y la aceleración del cambio climático.

10 PEQUEÑAS ACCIONES QUE PODEMOS HACER

1. No derroches agua y electricidad, usa solo lo que necesites.
2. Apoya el reciclaje y no viertas residuos al agua ni al medioambiente.
3. Reduce el consumo y reutiliza siempre que puedas.
4. Usa el transporte público siempre que sea posible.
5. No compres especies exóticas ni recojas animales del campo.
6. Limita el consumo de carne y pescado, pues su producción contamina mucho.
7. Elige productos locales y de temporada, ¡cada estación y lugar tienen sus alimentos!
8. Aprovecha la comida al máximo para evitar desperdiciarla.
9. Sal con frecuencia al campo para disfrutar de la naturaleza.
10. Anima a todos tus amigos y familiares a sumarse a estas simples iniciativas.

Para proteger la biodiversidad del planeta, es crucial que todos nos involucremos.

¡CADA PEQUEÑA ACCIÓN CUENTA PARA PRESERVAR NUESTRO INCREÍBLE MUNDO NATURAL!

¿SABÍAS QUÉ?

La tasa actual de extinción es entre 1.000 y 10.000 veces más rápida que las extinciones naturales.

ESTO SIGNIFICA QUE ESTAMOS PERDIENDO ESPECIES A UN RITMO ALARMANTE.

LOS MÁS AMENAZADOS

La amenaza de la extinción no solo afecta a los animales. Las plantas, los ecosistemas e incluso nuestra forma de vida también están en peligro, ¡todo está conectado! La deforestación, la explotación de recursos y otros factores están teniendo un grave impacto en la diversidad de vida en la Tierra y en los recursos que obtenemos de ella.

ORANGUTÁN

Los orangutanes, con los que compartimos gran parte de nuestros genes, son los grandes simios más amenazados del planeta por la deforestación provocada por la producción agrícola, entre otras causas.

MAR DE ARAL

El asiático mar de Aral era el cuarto lago más grande del mundo, pero ahora es uno de los ecosistemas más amenazados a causa de la extracción de agua de los ríos que desembocan en él.

GINKGOS

Los ginkgos son árboles procedentes de China que llevan en la Tierra desde antes de los dinosaurios. En la actualidad, son una de las especies vegetales más amenazadas debido a la sobreexplotación.

?

¿SABÍAS QUÉ?

El lince ibérico ya no se considera en peligro de extinción. Esto se debe al esfuerzo de muchaspersonas. ¡El trabajo en equipo da sus frutos!

¡LOS VERDADEROS INFLUENCERS!

Gracias a muchos científicos y científicas, hoy podemos comprender la biodiversidad que nos rodea, conocer nuevas especies y concienciarnos de los cambios y amenazas que sufre el planeta, que también nos afectan a nosotros.

ALFRED RUSSEL WALLACE (1823-1913) fue uno de los principales científicos del siglo XIX. Describió cientos de especies de insectos y aves y desarrolló las bases de la **biogeografía** moderna. ¿Sabías que, junto a Darwin, enunció la teoría de la evolución a través de la selección natural?

EDWARD OSBORNE WILSON (1929-2021) fue un biólogo americano especializado en el estudio de las hormigas. Este gran defensor de la biodiversidad, que algunos apodan «el nuevo Darwin», ¡describió más de 400 especies de insectos!

EMILIANO AGUIRRE (1925-2021) hizo que la paleontología y la arqueología españolas fueran muy importantes a nivel mundial gracias a sus investigaciones en los yacimientos de Atapuerca y al estudio de nuestros antepasados.

¡TAMBIÉN FUE DIRECTOR DEL MNCN!

RACHEL CARSON (1907-1964) fue bióloga marina y escritora. Su obra más conocida, *Primavera silenciosa*, fue un libro pionero en denunciar las consecuencias de la contaminación en la naturaleza. A raíz de esta obra, nació el **activismo medioambiental**.

SANTIAGO RAMÓN Y CAJAL (1852-1934) hizo descubrimientos muy importantes sobre cómo funciona nuestro cerebro, un órgano muy desconocido hasta entonces. Recibió un Premio Nobel de Medicina y, además, fue pintor, fotógrafo, escritor y maestro.

REBECA ATENCIA (1977) es primatóloga y veterinaria. Está considerada la heredera de Jane Goodall por su destacado trabajo en la recuperación de primates.

LYNN MARGULIS (1938-2011) fue una científica estadounidense que, entre otras cosas, descubrió que las células eucariotas que forman parte de los hongos, las plantas y los animales como nosotros se crearon a partir de la simbiosis con células más simples, como las de las bacterias.

¡REVOLUCIONÓ LA TEORÍA DE LA EVOLUCIÓN!

En el MNCN trabajan muchas **científicas** que, además de investigar territorios tan fascinantes como la Antártida o el mundo submarino y trabajar con ADN o especies invasoras, demuestran el importante papel que tienen las mujeres en la ciencia.

AQUÍ TIENES UNA PEQUEÑA MUESTRA DE ALGUNOS REFERENTES QUE HAN HECHO AVANCES CIENTÍFICOS IMPORTANTES PARA EL DESARROLLO DE LA HUMANIDAD.

GLOSARIO

Activismo medioambiental

Son iniciativas y reivindicaciones de la sociedad para solucionar problemas relacionados con el medioambiente.

Arcosaurios

Fue un grupo de grandes reptiles que se expandió durante el Mesozoico. Los únicos representantes en la actualidad son los cocodrilos y las aves.

Artrópodos

Son un conjunto de animales invertebrados con el cuerpo dividido en cabeza, tórax y abdomen. Forman parte de él los insectos, arácnidos, miriápodos y crustáceos, entre otros.

Aves limícolas

Aves acuáticas que suelen vivir cerca de la costa y en humedales. Realizan largas migraciones y sus picos están adaptados para buscar pequeños invertebrados en el fango o la arena.

Biogeografía

Es la rama de la ciencia que estudia la distribución de los seres vivos en el planeta y las causas de esa distribución.

Bioluminiscencia

Es la capacidad de algunos organismos vivos de producir luz.

Braquiópodos

Se refiere a los invertebrados marinos que tienen dos valvas —cada una de las piezas de una concha— desiguales. Han existido durante más de 500 millones de años y la mayoría de las especies se han extinguido.

Cartílago

Es un tejido duro pero flexible que se encuentra en algunas partes del cuerpo, como en la nariz, las orejas y las articulaciones (las zonas donde se unen dos huesos).

Cefalópodos

Son invertebrados marinos incluidos en el grupo de los moluscos. Se caracterizan por tener la cabeza bien diferenciada del cuerpo y por estar rodeada de tentáculos con ventosas.

Cianobacterias

Son organismos microscópicos que tienen un pigmento llamado clorofila con el que hacen la fotosíntesis.

Ciclo del carbono

Es el recorrido que hace el carbono en la Tierra, desde la atmósfera a los seres vivos y de ahí al suelo y de nuevo a la atmósfera.

Diorama

Es una maqueta que puede utilizarse como recurso educativo, cultural y artístico. En ella se exhiben animales disecados componiendo una escena, para lo que se ha recreado su entorno natural.

Ectotermo

Los animales ectotermos son aquellos cuya temperatura corporal cambia en función de la del exterior y no son capaces de generar calor por sí mismos. Ejemplos de animales ectotermos son los reptiles, los peces y los insectos.

Endotermo

Los animales endotermos son aquellos que son capaces de generar calor corporal para mantener su temperatura estable, independientemente de la del exterior. Ejemplos de animales endotermos son los mamíferos y las aves.

Especies exóticas invasoras

Son especies que se han introducido en un ambiente distinto al de su origen y que consiguen adaptarse al nuevo medio, aunque suponen una amenaza para la biodiversidad del lugar.

Exoesqueleto

Es un esqueleto externo, normalmente duro y resistente, compuesto por hueso o cartílago, que recubre, protege y soporta el cuerpo de los animales.

Fósil viviente

Término creado por Charles Darwin para referirse a los animales o plantas que tienen un aspecto muy similar al de otros seres vivos ya extintos que solo se conocen por sus fósiles.

Fotosíntesis

Es un proceso mediante el cual obtienen alimento las plantas, las algas y algunas bacterias utilizando la energía de la luz solar.

Genes

Son segmentos de ADN que contienen información sobre características de cada ser vivo, como el color de pelo que heredamos de nuestros padres.

Glucosa

La glucosa es el azúcar más importante que encontramos en la sangre, ya que aporta energía a las células del cuerpo. Se fabrica a través de los alimentos que comemos.

Graptolitos

Restos fósiles de colonias formadas por pequeños animales marinos. Sus formas se parecen a jeroglíficos escritos en roca.

Hipótesis

En ciencia, es la predicción o idea inicial que queremos demostrar o rechazar a través de experimentos.

Homoplasia

Es un rasgo compartido entre dos grupos de organismos pero que no ha surgido de un ancestro común. Por ejemplo, el ojo de los vertebrados y el de los cefalópodos se parecen mucho, aunque se han formado de manera independiente.

Líquenes

Son organismos formados por la simbiosis entre un hongo y un organismo fotosintético como un alga o una cianobacteria. Los líquenes son indicadores de la calidad del aire, por lo que, cuantos más veamos en la corteza de los árboles, mejor será la calidad del aire.

Melanina

Es un pigmento que se encuentra en la mayor parte de los seres vivos y que tiene funciones importantes como dar color a la piel o al pelo y protegernos de los rayos del sol.

Metabolismo

Son reacciones y cambios químicos que se producen en las células de los seres vivos.

Mutación

Es un cambio en el ADN de un organismo.

Naturalizar

La naturalización o taxidermia consiste en la preparación de la piel de los animales cuando mueren para conservarla. Para ello, se crea un soporte adaptado a la forma de su cuerpo sobre el que se coloca la piel.

Nicho

Es el lugar que ocupa una especie en un ecosistema incluyendo características como la temperatura, la presencia de alimento o de depredadores, etc., ya que influyen en su vida en dicho ecosistema.

Saurópodos

Fueron un grupo de dinosaurios que se desarrolló durante el Mesozoico y que se caracterizaron por tener un cuello muy largo y una cabeza pequeña.

Selección natural

Es una teoría que explica que los organismos mejor adaptados al medio son los que sobreviven y se reproducen, transmitiendo sus características a la siguiente generación. Esta teoría fue desarrollada por el científico Charles Darwin.

Simbiosis

Es la relación estrecha que se produce entre dos especies diferentes y en la que ambas resultan beneficiadas. Un ejemplo es el del pez payaso y la anémona, pues se protegen el uno al otro de los depredadores.

Tetrápodos

Son vertebrados que poseen cuatro extremidades. Incluyen a los mamíferos, anfibios, reptiles y aves.

Yacimientos

Son lugares en los que se encuentran fósiles, rocas o minerales. En ellos trabajan equipos de paleontólogos y arqueólogos principalmente.

Este recorrido por la biodiversidad llega a su fin y tú ya eres un auténtico experto naturalista.

¡RECOGE TU DIPLOMA!

DIPLOMA DE NATURALISTA

El **Museo Nacional de Ciencias Naturales** certifica que

---

ha recorrido las páginas de este libro y ahora es especialista en biodiversidad asombrosa.

¡ENHORABUENA!

FECHA

FIRMA

AGRADECIMIENTOS

Gracias a José María Cazcarra Barbanoj por las fotografías, y a los responsables de Archivo, Biblioteca y Colecciones por el material incluido en el libro.

Nuestro agradecimiento a Luis Barrera, Carmen Martínez, Santiago Merino, Borja Milá, Adriana Oliver, Carlos Palancar y José Templado por la revisión científica de los contenidos.

Un agradecimiento final a Pilar López por apoyar el proyecto.

CRÉDITOS DE LAS IMÁGENES

© iStock, por las imágenes de las páginas 16, 17, 19, 26, 32, 47, 50, 52, 55, 60, 61, 63, 65 y 70.

© Freepik, por las imágenes de las páginas 32, 33, 34, 35, 38, 54 y 63.

© Bibliothèque nationale de France, por la imagen de la página 9: *Histoire générale des drogues, traitant des plantes, des animaux et des minéraux...*, de Pierre Pomet (1658-1699), autor del texto, 1694.

© Library of Congress Prints and Photographs Division Washington, D.C., por la imagen de la página 11: Albert Einstein, 1879-1955. (LC-USZ62-60242), http://hdl.loc.gov/loc.pnp/pp.print.

© Natural History Museum of London, retrato de Mary Anning (Fotografía bajo licencia CC), por la imagen de la página 15.

© Frank Glaw (CC BY 4.0), por la imagen del Brookesia Nana de la página 59.

© Trebol-a (CC BY-SA 3.0), por la imagen de la musarañita de la página 59.

CRÉDITOS DE LAS IMÁGENES PROCEDENTES DE LA COLECCIÓN DEL MNCN

Página 8: **Elefante asiático** (*Elephas maximus*), ACN100A/002/00149/2.

Página 10: **Boa arborícola esmeralda** (*Corallus caninus*) (Linnaeus, 1758), ACN100B/002/00896.

Página 10: **Retrato de Pedro Franco Dávila**, ACN100A/004/00416.

Página 10: **Osa hormiguera**, MNCN.BA.0045.

Página 10: **[Expedicionarios], [Rafael Castro y Ordóñez]**, ACN001/001/249.

Página 11: **Luis (izquierda) y José María Benedito preparando un Buitre leonado** (*Gyps fulvus*), ACN004/001/08661.

Página 11: **Salas del Diplodocus**, ACN003/003/08178.

Página 11: **Sala de exposiciones de Zoología del Museo Nacional de Ciencias Naturales. Vitrinas con animales disecados (cebras, elefante...)**, ACN003/004/08526.

Páginas 24 y 25: **Esqueleto del megaterio montado (con cola)** (*Megatherium americanum*), ACN110B/004/05641.

Página 32: **Pingüino de Adelia,** ACN120B/001/09966.

Página 32: **Narval del mar polar Ártico**, ACN80D/002/00276.

Página 33: **Dromedario** (*Camelus dromedarius*), ACN100B/001/00655.

Página 33: **Gerbo** (*Mus Jaculus*), ACN100B/004/01100.

Página 34: **Caballo Kertag**, ACN80D/002/00245.

Página 35: **Elefante africano** (*Loxodonta africana*) (vista lateral), ACN110A/003/03962.

Página 54: **Dibujo de percebe**, ACN110B/002/05119.

Página 55: **Pez luna**, Biblioteca MNCN 3-983.

Página 56: **Abeja**, ACN100A/001/00093.

Página 57: **Rinoceronte blanco del África Austral** - ACN80D/002/00257.

Página 59: **Composición aves / Avestruz** (*Struthio camelus*), CN80D/003/00383/01 y ACN110A/004/04220.

Página 60: **Lagarto de cola espinosa** (*Lacerta cauda Spinosa*), ACN100A/005/00510.

Página 61: **Documento iconográfico sobre topos**, ACN110B/001/04579.

Página 62: **Foca del Mar Caspio** (*Pusa caspica*), ACN110B/004/05720.

Página 63: **Documento iconográfico sobre Buitres**, ACN110A/005/04364.

Página 64: **Vista dorsal de un mosquito culícido** (*Anopheles maculipennis Meigen*), ACN110B/004/05801.

© José María Cazcarra Barbanoj y Servicio de fotografía del MNCN, por el resto de las fotografías de las colecciones del MNCN.